Lyrik zum Anfassen

Sonja Hoffmann

Produktionsorientierter Umgang mit Gedichten in der Sekundarstufe 1

- Unterrichtskonzepte
- Materialien:
  Arbeitsblätter
  Freiarbeitskartei

 PERSEN

Wir verwenden in unseren Werken eine genderneutrale Sprache, damit sich alle gleichermaßen angesprochen fühlen. Wenn keine neutrale Formulierung möglich ist, nennen wir die weibliche und die männliche Form. In Fällen, in denen wir aufgrund einer besseren Lesbarkeit nur ein Geschlecht nennen können, achten wir darauf, den unterschiedlichen Geschlechtsidentitäten gleichermaßen gerecht zu werden.

In diesem Werk sind nach dem MarkenG geschützte Marken und sonstige Kennzeichen für eine bessere Lesbarkeit nicht besonders kenntlich gemacht. Es kann also aus dem Fehlen eines entsprechenden Hinweises nicht geschlossen werden, dass es sich um einen freien Warennamen handelt.

13. Auflage 2024
© 2000 PERSEN Verlag, Hamburg

AAP Lehrerwelt GmbH
Veritaskai 3
21079 Hamburg
Telefon: +49 (0) 40325083-040
E-Mail: info@lehrerwelt.de
Geschäftsführung: Andrea Fischer, Sandra Saghbazarian, Robin Schlenkhoff
USt-ID: DE 173 77 61 42
Register: AG Hamburg HRB/126335
Alle Rechte vorbehalten.

Das Werk als Ganzes sowie in seinen Teilen unterliegt dem deutschen Urheberrecht. Die Erwerbenden einer Einzellizenz des Werkes sind berechtigt, das Werk als Ganzes oder in seinen Teilen für den eigenen Gebrauch und den Einsatz im eigenen Präsenz- wie auch dem Distanzunterricht zu nutzen. Produkte, die aufgrund ihres Bestimmungszweckes zur Vervielfältigung und Weitergabe zu Unterrichtszwecken gedacht sind (insbesondere Kopiervorlagen und Arbeitsblätter), dürfen zu Unterrichtszwecken vervielfältigt und weitergegeben werden.

Die Nutzung ist nur für den genannten Zweck gestattet, nicht jedoch für einen schulweiten Einsatz und Gebrauch, für die Weiterleitung an Dritte einschließlich weiterer Lehrkräfte, für die Veröffentlichung im Internet oder in (Schul-)Intranets oder einen weiteren kommerziellen Gebrauch. Mit dem Kauf einer Schullizenz ist die Schule berechtigt, die Inhalte durch alle Lehrkräfte des Kollegiums der erwerbenden Schule sowie durch die Schülerinnen und Schüler der Schule und deren Eltern zu nutzen.

Nicht erlaubt ist die Weiterleitung der Inhalte an Lehrkräfte, Schülerinnen und Schüler, Eltern, andere Personen, soziale Netzwerke, Downloaddienste oder Ähnliches außerhalb der eigenen Schule.
Eine über den genannten Zweck hinausgehende Nutzung bedarf in jedem Fall der vorherigen schriftlichen Zustimmung des Verlags. Sind Internetadressen in diesem Werk angegeben, wurden diese vom Verlag sorgfältig geprüft. Da wir auf die externen Seiten weder inhaltliche noch gestalterische Einflussmöglichkeiten haben, können wir nicht garantieren, dass die Inhalte zu einem späteren Zeitpunkt noch dieselben sind wie zum Zeitpunkt der Drucklegung. Der PERSEN Verlag übernimmt deshalb keine Gewähr für die Aktualität und den Inhalt dieser Internetseiten oder solcher, die mit ihnen verlinkt sind, und schließt jegliche Haftung aus.

Die automatisierte Analyse des Werkes, um daraus Informationen insbesondere über Muster, Trends und Korrelationen gemäß § 44b UrhG („Text und Data Mining") zu gewinnen, ist untersagt.

Autorschaft:	Sonja Hoffmann
Covergestaltung:	TSA&B Werbeagentur GmbH, Hamburg
Illustrationen:	Marion El-Khalafawi
Satz:	DTP Studio Koch, Oberweißbach
Druck und Bindung:	SDK Systemdruck Köln GmbH & Co. KG, Köln

ISBN/Bestellnummer: 978-3-8344-3815-7
www.persen.de

Inhaltsverzeichnis

0.	Einige Worte vorweg …	5
1.	**Warum produktionsorientierter Umgang mit Lyrik?**	6
1.1	Probleme der klassischen Gedichtbehandlung	6
1.1.1	Probleme der Interpretation	6
1.1.2	Lösungsansätze	6
1.2	Formen und Strukturen des produktionsorientierten Lyrikunterrichtes	6
1.2.1	Grundlegendes	6
1.2.2	Mit Gedichten produktiv umgehen	7
1.3	Die Chancen der produktionsorientierten Methoden	7
2.	**Erläuterungen zu den Bearbeitungsvorschlägen**	9
2.1	Ein Gedicht lesend gestalten	9
2.2	Auswendiglernen eines Gedichtes	9
2.3	Visuelle Darstellung von Gedichten	10
2.4	Gedichte illustrieren	10
2.5	Interlinearkommentare schreiben	11
2.6	Verkürzen eines Gedichtes	11
2.7	Wortgitter als Grundlage für eigene Produktionen	12
2.8	Elfchen zu einem thematischen Schwerpunkt verfassen	12
2.9	Dialogisieren von Gedichten	13
2.10	Reimwörter suchen	13
2.11	Parallelgedichte schreiben	14
2.12	Einen Brief an den Dichter schreiben	14
2.13	Fortführen von Gedichten	15
2.14	Ein Gedicht aus veränderter Perspektive wiedergeben	15
2.15	Textvergleich motivgleicher Gedichte	16
2.16	Freies Schreiben zu Leitmotiven	16
3.	**Wie setze ich dieses Buch im Deutschunterricht ein?**	17
3.1	Praktische Hinweise	17
3.2	Vorschläge zur Unterrichtsform	17
3.2.1	Die Gedichtstunde	17
3.2.2	Freiarbeit	18
3.2.3	Fächerübergreifendes Arbeiten	18
3.3	Präsentationsmöglichkeiten	19

4.	**Vorschläge für den Lyrikunterricht**	20
4.1	Frühling, Sommer, Herbst und Winter	20
	Josef Guggenmos: Schneekristall	20
	Friedrich Hebbel: Sommerbild	22
	Friedrich Hebbel: Herbstbild	24
	Georg Heym: April	26
	Eduard Mörike: Er ist's	28
	Eduard Mörike: Septembermorgen	30
4.2	Regen, Sturm und Sonnenschein	32
	Georg Britting: Am offenen Fenster bei Hagelwetter	32
	Georg Britting: Wetterwendischer Tag	34
4.3	Fantasie und Abenteuer	36
	Joseph von Eichendorff: Frische Fahrt	36
	Johann Wolfgang von Goethe: Meeresstille	38
	Johann Wolfgang von Goethe: Glückliche Fahrt	40
	Heinrich Heine: Meeresstille	42
	Rainer Maria Rilke: Das Karussell	44
	Theodor Storm: Meeresstrand	46
4.4	Menschen	48
	Achim von Arnim: Der Mensch ist bald vergessen	48
	Theodor Storm: August	50
4.5	Tiere und Pflanzen	52
	Bertolt Brecht: Der Pflaumenbaum	52
	Georg Britting: Die Sonnenblume	54
	Georg Britting: Raubritter	56
	Friedrich Hölderlin: Die Eichbäume	58
	Rainer Maria Rilke: Der Panter	60
4.6	Alter und Tod	62
	Johann Wolfgang von Goethe: Ein Gleiches	62
	Friedrich Hölderlin: Hälfte des Lebens	64
	Gottfried Keller: Abendlied	66
4.7	Tag und Nacht	68
	Joseph von Eichendorff: Mondnacht	68
	Eduard Mörike: In der Frühe	70
	Eduard Mörike: Um Mitternacht	72
	Theodor Storm: In der Frühe	74
4.8	Weihnachten und andere Feste	76
	Joseph von Eichendorff: Weihnachten	76
	Herbert von Hoerner: Erntekranz	78
	Rainer Maria Rilke: Advent	80
4.9	Freundschaft und Liebe	82
	Cyrus Atabay: Freundschaft	82
	Johann Wolfgang von Goethe: Gefunden	84
	Johann Wolfgang von Goethe: Nähe des Geliebten	86
5.	**Literaturverzeichnis**	88
	Anhang:	89
	Freiarbeitskartei	89

Einige Worte vorweg ...

Der heutige Lyrikunterricht fristet trotz vieler Umformungen und neuer Ideen, die in den letzten Jahrzehnten in den Deutschunterricht eingeflossen sind, bezogen auf die Methodenvielfalt meist noch immer ein Schattendasein. Die klassische Interpretation, das Besprechen eines Gedichtes, herrscht häufig noch vor. Das mag auch im Leistungskurs eines Gymnasiums ein durchaus geeignetes Verfahren sein, Lyrik zu erschließen, für die Arbeit in der Sekundarstufe I einer Real- oder Hauptschule erweist es sich allerdings als recht unbrauchbar. Doch was tun?

Die Beantwortung der Frage scheint wichtig, denn Lyrik hat gerade in der Sekundarstufe I eine besondere Bedeutung und bei sinnvoller, schülerorientierter Behandlung auch einen hohen Stellenwert für die persönliche Entwicklung und Entfaltung der Schülerinnen und Schüler.

Die neuen *produktionsorientierten Verfahren* erscheinen aus vielerlei Hinsicht interessant und sind es wert, dass man sie hinsichtlich des eigenen Unterrichtes prüft und gegebenenfalls integriert. Ziel dieses Buches ist es, dazu beizutragen, Schülerinnen und Schülern der Sekundarstufe I aller Schularten Gedichte leichter zugänglich zu machen und sie nachhaltig für lyrische Texte zu begeistern.

Das *erste Kapitel* umreißt das Arbeitsfeld „Produktionsorientiertes Lernen" mit einigen Aspekten aus der Diskussion in der Deutschdidaktik. Gründe, diese Methode heranzuziehen, werden genannt und kurz analysiert. Im *zweiten Kapitel* werden nun die verschiedenen produktiven Arbeitsvorschläge detailliert vorgestellt und mit didaktischen und methodischen Erläuterungen sowie einem Beispiel versehen. Das *dritte Kapitel* dient als praktischer Leitfaden für den konkreten Einsatz im Unterricht, die verschiedenen Möglichkeiten, die sich mit dem Buch bieten, werden hier vorgestellt. Das *vierte* und umfangreichste *Kapitel* beinhaltet die Vorschläge für die einzelnen Gedichtstunden und jeweils einen dazu passenden Gedicht- bzw. Arbeitsbogen.

Freiarbeitskarten zum Ausschneiden für offene Unterrichtsangebote befinden sich im Anhang.

1. Warum produktionsorientierter Umgang mit Lyrik?

1.1 Probleme der klassischen Gedichtbehandlung

1.1.1 Probleme der Interpretation

Kein anderes Gebiet der Literaturwissenschaft ist so häufig und stark kritisiert worden wie die Werkinterpretation als Methode, Lyrik zu erschließen. Das Interpretieren eines Werkes sah man bis Mitte der 60er Jahre noch als wichtigstes Instrumentarium zum Umgang mit Gedichten an. Mit der Zeit wurde allerdings der Vorwurf der Unwissenschaftlichkeit gegen die Werkinterpretation lauter, „gefordert wurden rational argumentierende Methoden. Das führte dazu, dass die traditionelle Werkinterpretation analysierenden Verfahren Platz machte – literatur-soziologische, strukturalistische, textlinguistische Methoden bekamen Konjunktur." (*Spinner* 1987, 17)

Die Interpretation wurde von nun an meist mit dem Begriff „Textanalyse" umschrieben und passte sich, objektiver und in ihren Ergebnissen nachprüfbarer geworden, dem lernzielorientierten Schulsystem der 70er Jahre an.

Die Weiterentwicklung der Deutschdidaktik brachte in den folgenden Jahren neue Ansätze hinsichtlich der Rolle des Rezipienten hervor. Der Leser/die Leserin sollte demnach im Vordergrund des Umgangs mit Lyrik stehen, denn der bislang anerkannten Interpretation bzw. Textanalyse wurde vorgehalten, sie unterbände „die kreative Auseinandersetzung des Lesers mit dem Gelesenen und töte so die lebendige, immer individuell geprägte Begegnung mit Literatur ab" (*Spinner* 1987, S. 17). Gefordert wurde außerdem mehr Mut zur Subjektivität und die Förderung des lustbetonten Lesens.

Ein weiterer Grund, weshalb heute die Interpretation als Erschließungsmethode kritisch gesehen wird, ist die unlösbare Frage nach „falsch" und „richtig", die *Spinner* (1987, S. 20) so formuliert: „Jedes Interpretieren ist ein unabschließbarer Prozess; jedes Festschreiben einer Deutung vereinseitigt den Text, schließt Sinnaspekte aus."

Infolgedessen sollte die Lehrerin/der Lehrer im Gedichtunterricht ein besonderes Augenmerk darauf legen, nicht für die Lerngruppe den Anschein zu erwecken, die eigene Ansicht über ein bestimmtes Gedicht sei die einzig mögliche Sichtweise. Die Zulassung einer Perspektivenvielfalt, eines Kaleidoskops aus Ansichten und Meinungen, kann im Gegenteil zur Erschließung sehr viel mehr beitragen.

1.1.2 Lösungsansätze

Kommunikation untereinander ist bei schulischer Verständigung über einen lyrischen Text die entscheidende Komponente. In diesem Zusammenhang sei das Stichwort „Schülerorientierung" erneut genannt, um die Richtung aufzuzeigen, in die die „Lösungswege" aus der „Krise der Interpretation" führen können.

In der Sekundarstufe I ist es von großer Bedeutung, in Gesprächen über Lyrik stets den Bezug zum Text zu wahren. Diese Aufgabe gestaltet sich für die Lehrerin und den Lehrer aus verschiedenen Gründen als anspruchsvoll. Zum einen soll den Schülerinnen und Schülern Raum gelassen werden, eigene Gedanken entfalten zu können und diese auch mitzuteilen, zum anderen besteht darin aber auch die Gefahr des Abgleitens, was ein „Ausklinken" der lyrisch weniger fantasievollen Schülerinnen und Schüler zur Folge hätte. *Kaspar H. Spinner* (1987, S.19) formuliert die Forderung an Lehrerinnen und Lehrer, die ein Gespräch über Lyrik leiten, wie folgt:

„Fruchtbare Interpretationsgespräche sind durch ein Wechselspiel von entfaltenden und reduzierenden, veranschaulichenden und abstrahierenden, konkretisierenden und verallgemeinernden Äußerungen charakterisiert."

Eine in hohem Maße schülerorientierte Lösungsmöglichkeit, die gleichzeitig viel zur Interpretationsfähigkeit der Schülerinnen und Schüler auf handlungsorientierter Basis beiträgt, sind die produktiven oder produktionsorientierten Verfahren. Warum und mit welchen Wirkungen gerade diese Umgangsformen für den Lyrikunterricht geeignet sind, wird im Folgenden näher beschrieben und analysiert.

1.2 Formen und Strukturen des produktiven Lyrikunterrichtes

1.2.1 Grundlegendes

Den Gedichtunterricht effektiver und vor allem schülerorientierter zu gestalten, ist ein festgeschriebenes Ziel der Deutschdidaktik geworden.

1. Warum produktionsorientierter Umgang mit Lyrik?

Ein wichtiger Faktor scheint dabei die Berücksichtigung des Zusammenspiels zwischen Leser und Text bzw. zwischen Schülerin/Schüler und Gedicht zu sein, was *Payrhuber* (1996, S. 16) als eine Wechselbeziehung beschreibt: „Für sich genommen, besitzt das poetisch-literarische Werk keinen festgelegten und zeitlos gültigen Sinn; seine Bedeutung wird erst vom Leser durch die Rezeption geschaffen und in seiner individuellen Konkretisation fassbar."

Der individuellen Rezeption seitens der Schülerinnen und Schüler sollte daher möglichst viel Spielraum gelassen werden. Handlungsorientierung und Produktionsorientierung/Produktivität (die Begriffe produktiv und produktionsorientiert sind austauschbar und werden synonym verwendet) im Umgang mit Lyrik füllen nun diesen Spielraum (Freiraum) aus und geben den Lernenden damit die Möglichkeit der individuellen Textbegegnung. „Seine Biografie, sein Sinnsystem und seine soziale Fantasie" (*Schuster* 1993, S. 178) kann der Rezipient dabei einbringen. Ein erschließendes Verstehen von Lyrik sieht *Spinner* (1997, S. 3) in einem engen Zusammenhang mit dem aktiven „Begreifen" des Textes, „das Lesen und Verstehen von Gedichten wird als Mitschaffen begriffen, das im Unterricht am besten durch operative und kreative Verfahren gefördert werden kann." Es muss an dieser Stelle jedoch betont werden, dass man in Planung und Durchführung des Gedichtunterrichtes nicht „nur" dem Schüler/der Schülerin, sondern auch dem lyrischen Text gerecht werden möge. *Waldmann* (1998, S. 274) plädiert dafür, die Schülerinnen und Schüler im produktiven Gedichtunterricht weder zu stark zu leiten, noch ihnen zu freie Hand zu lassen. Es gilt „eigenes Schreiben und die Erfahrung der Lyrik und lyrischer Formen miteinander zu verbinden."

1.2.2 Mit Gedichten produktiv umgehen

Was bedeutet konkret „produktionsorientierter Umgang mit Lyrik"? Wie der Name schon sagt, steht hier das eigene Herstellen im Vordergrund. Was genau hergestellt wird, hängt von der Methode ab: Mal ist es ein neuer Schluss, mal werden Zwischenzeilen gefüllt oder es ist eine Collage, die passend zu einem Gedicht produziert wird. Immer ist mit diesen Methoden Handlung und Selbstbestimmung der Schülerinnen und Schüler gemeint. Produktives Auseinandersetzen mit lyrischen Texten vollzieht sich unter anderem sowohl auf der kognitiven als auch auf der affektiven und psychomotorischen Ebene. „Statt nur zu analysieren und zu interpretieren sollen die Schüler selber Bausteine von Gedichten ergänzen, in Analogie zu Vorlagen eigene Gedichte schreiben, Umformungen, Erweiterungen und Verkürzungen vornehmen. In der eigenen Produktion von Texten kommen emotionale Betroffenheit und analytische Reflexion, die bei der Gedichtinterpretation oft genug auseinandertreten, wieder zusammen" (*Spinner* 1997, S. 3) und bilden auf diese Weise den Schlüssel zum Textverständnis. An dieser Stelle böte es sich nun durchaus an, die produktiven Methoden vorzustellen und zu bewerten, da aber dieses Kapitel lediglich als Begriffsklärung und Denkanstoß dienen soll, widmet sich dafür das gesamte zweite Kapitel den Bearbeitungsvorschlägen, von denen bis auf 2.1 und 2.2 alle dem produktiven Umgang mit Lyrik zugeordnet werden können.

1.3 Die Chancen der produktionsorientierten Methoden

Der produktionsorientierte Umgang mit Gedichten beschreibt den Versuch, den Schülerinnen und Schülern ganzheitliches Lernen zu ermöglichen. Der Grundgedanke, mit Kopf, Herz und Hand zu lernen, erweist sich als besonders fruchtbar in Haupt- und Realschulen, deren Schülerinnen und Schüler oftmals große Schwierigkeiten bei praxisfernen Lerngegenständen zeigen. Ziel ist es, die kreativen Potenziale der Lerngruppe zu fördern und auszubauen, ohne einen Anspruch auf bestehende künstlerische Fähigkeiten zu legen. Soll der Gedichtunterricht etwas zu den Schülerinnen und Schülern transportieren, etwas in ihnen bewegen, so kann nicht darauf verzichtet werden, einen persönlichen Bezug zwischen Rezipient und lyrischem Text zu schaffen. Produktive Methoden helfen, die Eindrücke und Gefühle, die ein Gedicht im Leser auslöst, mit den eigenen Ansichten und Einstellungen in Verbindung zu bringen.

Die besondere Motivation, die von einem produktionsorientierten Umgang mit Gedichten ausgeht, sieht *Schuster* (1993, S. 178) darin, dass mit den Gedichten *handelnd* umgegangen wird, „d. h. sie

1. Warum produktionsorientierter Umgang mit Lyrik?

dürfen verändert, umgestaltet werden; fremde Passagen dürfen eingefügt oder wichtige Stellen weggelassen werden. Freilich wird das gemeinsame Gespräch wieder aufdecken, welche Bedeutungsverschiebungen mit der Umgestaltung einhergehen." Das nachfolgende Gespräch vergleicht die von den Schülerinnen und Schülern bewirkten Veränderungen mit dem Originaltext des Autors. Eine Gratwanderung besteht dabei einerseits darin, den Schülerinnen und Schülern die dichterische Größe des Autors zu verdeutlichen, und andererseits dadurch, die Produkte der Lerngruppe nicht abzuwerten.

Ein weiterer Vorteil der produktiven Methoden ist, dass die Schülerinnen und Schüler nach der eigenen handlungsorientierten Beschäftigung mit dem Gedicht auch aufgeschlossener gegenüber den darin transportierten Ansichten und Gedanken des Autors sind, der für sie sonst oft in unerreichbarer Ferne bleibt. Diese Aufgeschlossenheit kann sich wegweisend auf spätere Lyrikrezeption auswirken und bedarf deshalb sensibler Pflege.

Produktionsorientierung kann im Lyrikunterricht nicht isoliert stehen. „Im Gegenteil dürfte den Schülern ein Unterricht über Lyrik, in dem sie unaufhörlich produzieren müssen, sehr schnell gründlich verleidet sein" (Waldmann 1998, S. 275) und ihnen ihre Freude an Gedichten nachhaltig nehmen.

Um die ohne Zweifel effektive Methode des produktiven Umgangs sinnvoll einzusetzen, fordert *Waldmann* (1998, S. 275) weiterhin Lehrerinnen und Lehrer auf, ein stimmiges Potpourri aus verschiedenen Methoden zu erstellen: „Neben dem produktiven Umgang mit Lyrik muss eine Auseinandersetzung mit ihr stehen, die sich im Erlesen, Erspielen, Erleben, im Nachsinnen und Betrachten, in Analyse, Reflexion und Kritik auf sie einlässt und sie deutend zu verstehen sucht."

Aus diesem Grund sind in diesem Buch neben den produktiven Methoden auch welche des klassischen Gedichtunterrichts zu finden wie z. B. das Vortragen und das Auswendiglernen eines Gedichtes.

2. Erläuterungen zu den Bearbeitungsvorschlägen

An dieser Stelle sollen nun die Aufgabenkategorien vorgestellt werden. In den Kästen unter dem jeweiligen Text befindet sich der daraus resultierende Arbeitsvorschlag, der in wesentlichen Zügen so auch auf den Arbeitsbögen (Kapitel 4) zu finden ist. Zusätzlich finden Sie unter jedem Arbeitsauftrag auch Verweise auf die Seiten, auf denen sich die Kopiervorlagen mit dem betreffenden Aufgabentyp befinden, was ein Aufsuchen der gesuchten Methode erleichtert.

2.1 Ein Gedicht lesend gestalten

Das sprechende Gestalten eines Gedichtes ist vor allem deshalb wichtig, da sich erst beim Vortragen die verschiedenen Komponenten von lyrischen Texten (Rhythmus, Lautmalerei und rhetorische Figuren) entfalten. Durch das laute und klanggestaltende Sprechen kann die Aussage des Gedichtes sehr viel leichter als durch stilles Lesen erschlossen werden. Die Aufgabe, den Text lesend zu gestalten, fordert in ihrer Lösungsphase von den Schülerinnen und Schülern ein gewisses Maß an Textverständnis und Reflexion über das Gedicht. Weiterhin soll darauf aufmerksam gemacht werden, dass es möglich ist, durch lautes Sprechen verschiedene Stimmungen zu erzeugen, die die Botschaft des Gedichtes transportieren. Abschließend bietet es sich durchaus an, das Gedicht für das Plenum gestaltend vorzutragen.
(Seiten 37 und 85)

> Lies das Gedicht laut vor! Achte darauf, dass du deutlich sprichst und dass du zwischen schnell, langsam, laut, leise usw. je nach Inhalt des Gedichtes wechselst!
> Als Hilfestellung trägst du die Zeichen, die rechts oben auf dem Arbeitsbogen stehen, in das Gedicht ein.

2.2 Auswendiglernen eines Gedichtes

Das Auswendiglernen von lyrischen Texten zählt unbestritten zu den klassischen Methoden, sich Gedichten zu nähern. Allerdings sollte dieses nicht nur aus „Tradition" gepflegt werden, sondern sinnvoll und dosiert in den produktiven Gedichtunterricht eingebaut werden. Ein Grund dafür ist, dass das Lernen eines Gedichtes zu einer intensiven Aneignung führt, Erfolgserlebnisse werden beim Vortragen ermöglicht und können sich positiv auf weitere Lernprozesse auswirken. Den Sinn des Auswendiglernens beschreibt *Payrhuber* (1996, S. 58) rückblickend auf eigene Erfahrungen folgendermaßen: „Auswendiglernen verband sich mit Inwendigem. Wörter bekamen einen unverwechselbaren Klang, trieben Wurzeln, die sich zu Reimen oder Strophen verzweigten. In Sätze, Kapitel, in Bücher schoss Blut, dessen Pulsieren die Sinne reizte, […] die Augen erwachten, blickten reingewaschen ins reine Licht und sahen in ihm die Dinge, die Menschen als das zufällige oder notwendige Auswendige des jeweils Inwendigen." Es ist sinnvoll, der Lerngruppe zur Bewältigung der Aufgabe Hilfestellungen zu geben.
(Seiten 39 und 53)

> Lerne das Gedicht auswendig!
> Beachte dabei Folgendes:
> – Unterstreiche die Reimwörter am Ende eines Verses!
> – Kennzeichne Betonungen und wichtige Wörter.
> – Arbeite gegebenenfalls mit einem Partner!

2. Erläuterungen zu den Bearbeitungsvorschlägen

2.3 Visuelles Darstellen von Gedichten

Neben der auditiven Komponente spielt auch das visuelle und motorische Erfassen eines lyrischen Textes eine bedeutende Rolle. Die scheinbar schlichte und simple Aufgabe, ein Gedicht abzuschreiben, begründet sich durch die Annahme, dass im gleichzeitig ablaufenden Schreib- und Leseprozess ein Text besonders gut verinnerlicht werden kann. *Gerhard Haas* (1997, S. 122) sieht beim Abschreiben eines Gedichtes die Farbe, Schriftstärke und Schriftart als Mittel der indirekten Interpretation. Den Schülerinnen und Schülern wird so ein Freiraum gelassen, in dem sie sich handelnd mit dem lyrischen Text auseinandersetzen können. Dieses Verfahren eignet sich hervorragend für eine (die Arbeitsergebnisse) vergleichende Diskussion. Um diese Aufgabe erfolgreich bewältigen zu können, müssen die Schülerinnen und Schüler im Vorweg gründlich über die verwendeten Worte und deren Bedeutung nachdenken. Diese Art der Interpretation von Gedichten ist für Jugendliche, die Schwierigkeiten im mündlichen Ausdruck haben, besonders interessant. Auch sind die Arbeitsergebnisse bei dieser Aufgabenstellung besonders anschaulich und motivierend.
(Seiten 55 und 79)

> Schreibe das Gedicht ab und benutze dabei die Schriftgröße, Schriftdicke, -farbe und -art so, wie es deiner Meinung nach am besten zu den Worten im Gedicht passt!

Beispiel:
DICK *dünn* klein **groß**

2.4 Gedichte illustrieren

Es ist von besonderer Wichtigkeit, möglichst viele unterschiedliche Zugangsweisen zu lyrischen Texten zu unterstützen. So bietet es sich im Rahmen der Arbeit mit der Gedichtkartei durchaus an, Gedichte bildnerisch umzusetzen. Diese Methode regt zum einen die kreativen Potenziale der Schülerinnen und Schüler an, zum anderen lässt sich der Arbeitsbogen bzw. das Gedichtheft dadurch in einen repräsentativen Rahmen bringen, was für die Arbeitsergebnisse der Lerngruppe bedeutsam sein dürfte. Das schöpferische Illustrieren kann auch dazu beitragen, im Schulalltag ein wenig zur Ruhe zu kommen und dadurch im gewissen Sinne „abzuschalten". Das bedeutet aber keineswegs, dass diesem Arbeitsauftrag weniger Gewicht zukommt, er stellt lediglich eine im Unterschied zu den anderen völlig eigene Art der Auseinandersetzung mit dem Gehalt eines Gedichtes dar. Der Kreativität sind bei dieser Aufgabenstellung keine Grenzen gesetzt, die Palette der Möglichkeiten ist groß:
– *Zeichnungen* mit Tusche, Buntstiften, Bleistiften, Wachsmalkreide,
– *Collagen* aus Fotos, Stoff, Blättern, Sand, Wolle, Zeitungsartikeln, Bildern,
– *Bastelarbeiten* aus Papier und Pappe.
(Seiten 25 und 27)

> Male oder zeichne zu dem Gedicht ein Bild! Wenn du möchtest, kannst du auch Zeitungsausschnitte, Fotos, Stoff oder andere Materialien, die dazu passen, zu einer Collage gestalten.

2. Erläuterungen zu den Bearbeitungsvorschlägen

2.5 Interlinearkommentare schreiben

Ausgehend von der Tatsache, dass viele lyrische Texte Fragen stellen, Antworten geben und zu Kommentaren anregen, hat *Gerhard Haas* (1997, S. 98) die Methode der Interlinearkommentare vorgeschlagen. Er vergleicht diese Umgangsform mit der Konstellation Zeitungsartikel – Leserbrief, wobei letzterer direkt zu dem im Artikel dargestellten Sachverhalt Stellung nimmt. Der Interlinearkommentar bezieht in gleicher Weise Position zur Aussage des Gedichtes.

Der lyrische Text wird hierbei in der Art präsentiert, dass zwischen jeder Zeile eine Leerzeile verbleibt. Diesen Freiraum füllen die Schülerinnen und Schüler nun mit eigenen Gedanken in Form von Fragen, Ausrufen, Wörtern usw. aus. Durch diese Methode werden die Gedanken der Lerngruppe auf sehr direkte Weise in Dialogform mit der Aussage des Gedichtes in Verbindung gebracht, wodurch ein nachhaltigeres Verstehen des Gedichtes mit einem Reflektieren über eigene Ansichten sinnvoll verknüpft werden kann. Außerdem werden auf diese Weise Widersprüchlichkeiten und Denkanstöße, die sich in einem Gedicht verbergen, aufgedeckt und können als Diskussionsgrundlage dienen.
(Seiten 23 und 71)

> Du findest zwischen den Versen dieses Gedichtes viele Leerzeilen, in die du Gedanken, Fragen und Wörter schreiben kannst, die dir beim Lesen des Gedichts einfallen.

Beispiel:

Dies ist ein Herbsttag, wie ich keinen sah,
so wie letztes Jahr im Oktober!

Die Luft ist still, als atmete man kaum,
hört man wirklich gar nichts?

und dennoch fallen raschelnd fern und nah',
wir stehen in einem Obstgarten ...

Die schönsten Früchte ab von jedem Baum.
es können Birnen und Äpfel sein

usw.

2.6 Verkürzen von Gedichten

Der Grundgedanke dieser Methode ist, dass Gedichte Kernwörter enthalten, von denen aus sich die Bedeutung entfaltet. Diese Begriffe herauszufinden, bedeutet einen wichtigen Schritt zum nachhaltigen Textverständnis. Bei dieser Aufgabenstellung sollen die Schülerinnen und Schüler ein vollständiges Gedicht insofern umformen, dass sie erst einmal das Gedicht auf wesentliche Aussagen reduzieren. *Spinner* (1997, S. 54) schreibt dazu: „Die verknappten, reimlosen Formen moderner Poesie geben ein Modell ab, wie sich Texte in wenige Worte verdichten lassen. So können die Schüler bei einem längeren Gedicht die Wörter, die ihnen am wichtigsten erscheinen, unterstreichen und in neuen Konstellationen zusammenfügen."

Es ist sinnvoll, den Schülerinnen und Schülern Hilfestellung zu geben (Anzahl der auszuwählenden Wörter vorgeben).
(Seiten 29 und 59)

> Unterstreiche in dem Gedicht 10–14 Wörter, die du am wichtigsten findest! Füge diese Wörter zu einem neuen kurzen Gedicht zusammen!

Beispiel:

Schritt 1

Er ist's

<u>Frühling</u> lässt sein <u>blaues Band</u>
Wieder flattern durch die <u>Lüfte</u>;
<u>Süße</u>, wohlbekannte <u>Düfte</u>
Streifen ahnungsvoll das Land.
<u>Veilchen</u> <u>träumen</u> schon,
Wollen balde kommen.
Horch, von fern ein leiser <u>Harfenton</u>!
Frühling, ja <u>du bist's</u>!
Dich hab ich vernommen!

Schritt 2

Er ist's

*Frühling
blaues Band
Lüfte
Süße Düfte
Veilchen träumen
Harfenton
du bist's!*

2. Erläuterungen zu den Bearbeitungsvorschlägen

2.7 Wortgitter als Grundlage für eigene Produktionen

Das Wortgitter, das aus den am wichtigsten erscheinenden Begriffen eines Gedichtes besteht, ist als Hilfestellung für die eigene Produktion gedacht. Denn nur wenige Schülerinnen und Schüler sind in der Lage, ein Gedicht einfach so „aus dem Ärmel zu schütteln". Außerdem dient das angefertigte Wortgitter auch als Anbindung an das Originalgedicht, dessen Begriffe nun in die Gedichte der Lerngruppe einfließen. Die ersten Schritte dieses Verfahrens entsprechen der Vorgehensweise der Textreduktion unter 2.6. Das danach entstehende Wortgitter nutzen die Schülerinnen und Schüler als Gerüst für eigene Schreibversuche. Die Aufgabe wird um so leichter zu bewältigen sein, je mehr Wörter ein Schreibgerüst bilden (deshalb 10–20 Wörter). Den Kasus betreffend dürfen Veränderungen vorgenommen werden (vgl. unten: „von bunten Pferden" – „bunte Pferde").
(Seiten 35 und 45)

Unterstreiche in dem Gedicht 10–20 Wörter, die du am wichtigsten findest! Diese Wörter trägst du in das Wortgitter ein. Schreibe nun ein eigenes Gedicht und benutze darin die Wörter aus dem Wortgitter!

Beispiel:

Schritt 1
Das Karussell
Mit einem <u>Dach</u> und seinem Schatten dreht
sich eine kleine Weile der Bestand
von <u>bunten Pferden</u>, alle aus dem Land, ...

Schritt 2

Dach	bunte Pferde
...	...

Schritt 3
Das Karussell
Unter seinem Dach
sind bunte Pferde
voller Mut ...

2.8 Elfchen zu einem thematischen Schwerpunkt verfassen

Elfchen werden im Rahmen des Deutschunterrichts vor allem in der Grundschule thematisiert. Es gibt allerdings keinen Grund, diese kleinen Gedichte nicht auch ab dem fünften Schuljahr an aufwärts zu behandeln. Das Bauschema des Elfchens (der Name ist abgeleitet von der Anzahl der Wörter = 11) ist für Schülerinnen und Schüler der Sekundarstufe I gut zu verstehen und umzusetzen. Durch die vorgegebene Anzahl der Wörter wird die Fähigkeit des Abwägens von Wörtern gegeneinander geschult. Elfchen können zu Themen, aber auch zu schon vorhandenen Gedichten geschrieben werden. Die Schülerinnen und Schüler sind angehalten zu überlegen, welche Wörter das Thema am besten treffen, und beschäftigen sich so intensiv mit dem Motiv eines bestimmten Gedichtes.
(Seiten 69 und 87)

Verfasse zum Thema des Gedichtes ein „Elfchen"!
Das Bauprinzip des Elfchens:

1. Zeile: Eine **Farbe** oder **Eigenschaft**. (1 Wort)
2. Zeile: Etwas, das diese Farbe oder Eigenschaft hat. (2 Wörter)
3. Zeile: **Wo** und **wie** ist der Gegenstand; **was tut** die Person? (3 Wörter)
4. Zeile: Etwas über sich selbst, beginnend mit „**Ich**". (4 Wörter)
5. Zeile: Ein abschließendes Wort, ein Ausruf. (1 Wort)

Beispiele:

Mondnacht
Still
Der Mond
Scheint so klar
Ich träume mich fort
Unendlichkeit!

Nähe des Geliebten
Dunkel
Mein Herz
Schlägt für dich
Ich bin bei dir
Du

2. Erläuterungen zu den Bearbeitungsvorschlägen

2.9 Dialogisieren von Gedichten

Viele Gedichte, in denen verschiedene Positionen und Meinungen auftreten, lassen sich als Dialog umschreiben und später szenisch interpretieren. Das Verfassen eines Dialogs zwischen entgegengesetzten Parteien leistet einen wichtigen Beitrag zur Textinterpretation und lässt Schülerinnen und Schülern gleichzeitig genügend Freiraum für eigene Ansichten und Gedanken. Denn jeder empfindet anders beim Lesen eines Gedichtes und schätzt daher auch die Personen und Meinungen, die dargestellt werden, unterschiedlich ein. Die hergestellten Dialoge über die Gedichte spiegeln diese Vielfalt an Interpretationsmöglichkeiten wider und eignen sich sehr zum Vortragen und szenischen Interpretieren des Gedichtes. Es böte sich in diesem Zusammenhang auch an, mögliche Gedanken von Personen mit in den Dialog als Fußnote oder in Klammern einzubeziehen.
(Seiten 51 und 73)

> Unterstreiche in dem Gedicht die Personen, Personengruppen und Gegenstände, die eine Rolle spielen!
> Überlege nun, was sie sagen könnten, und schreibe das in Dialogform auf! Zusätzlich kannst du auch ihre Gedanken in Klammern hinzufügen.

Beispiel:

Um Mitternacht

Nacht: *„Hört doch mal die Stille, ich glaube, die Zeit hält an. (Ich brauche Ruhe)"*

Quellen: *„Wir wollen dir von unserem Tag erzählen! (Sie soll uns zuhören!)"*

usw.

2.10 Reimwörter suchen

Der Reim, der über lange Zeit als das Merkmal für Lyrik stand und die Harmonie zwischen Inhalt und Form eines Gedichtes bewirkt, ist bei vielen modernen Gedichten in seiner Wichtigkeit in den Hintergrund getreten. Da aber dieses Buch zum größten Teil mit „Klassikern" arbeitet, soll dem Reim natürlich auch ein Arbeitsvorschlag zukommen.
Zu den wichtigsten *Reimschemata* gehören:
– Paarreim (aa, bb, cc, dd)
– Kreuzreim (abab, cdcd)
– Umarmender Reim (abba, cddc)
– Schweifreim (aa,b,cc,b)

Es geht bei diesem Arbeitsvorschlag vor allem darum, das Gehör zu schulen und zu bestimmten Wörtern passende Reimwörter zu finden. Durch Reimspiele wird dem Schüler/der Schülerin die klangliche Ebene eines Gedichtes bewusster. Bei gereimten Gedichten bietet es sich an, die Endreime als Ausgangspunkt zu verwenden.
(Seiten 57 und 77)

> Kreise die Wörter am Ende der Verszeilen ein!
> Suche nun zu diesen Wörtern möglichst viele Reimwörter, die du in die Tabelle einträgst! Bilde dann mit den Wörtern Paarreime, Kreuzreime und umarmende Reime!

Beispiel:

Schritt 1
Weihnachten
Markt und Straßen stehn (verlassen),
Still erleuchtet jedes (Haus) …

Schritt 2…

verlassen	Haus	…
hassen …	Maus …	…

Schritt 3

Paarreim:	Kreuzreim:	Umarmender Reim:
verlassen	verlassen	verlassen
Gassen	Maus	Maus
Maus	Gassen	Laus
Laus	Laus	Gassen

2. Erläuterungen zu den Bearbeitungsvorschlägen

2.11 Parallelgedichte schreiben

Bei diesem Verfahren soll das Muster des Ausgangstextes nachgestaltet werden. Wichtig ist dabei, dass die wesentlichen Elemente des Originaltextes (Reim, Strophenaufbau, Anzahl der Wörter) möglichst genau übernommen werden. Die Schülerinnen und Schüler erhalten durch dieses Verfahren zum einen grundsätzliche Einsichten in den Aufbau von lyrischen Texten. Zum anderen erhält das eigene Gedicht durch die parallele Anordnung eine besonders enge Bindung an den Ausgangstext. Diese Verbindung zwischen Produkt und Original ist im produktionsorientierten Unterricht sehr wichtig, damit das Experimentieren mit lyrischen Elementen nicht zum Selbstzweck verkommt.

Beim Verfassen des Paralleltextes bietet sich sowohl der gleiche als auch ein unterschiedlicher Themenschwerpunkt (bezogen auf das Originalgedicht) an. Ein ausgedehnter Vergleich der Arbeitsergebnisse ist bei diesem Verfahren besonders reizvoll.
(Seiten 63 und 83)

Nimm dir den Aufbau dieses Gedichtes als Vorlage und schreibe nun ein neues Gedicht mit einem anderen Inhalt bzw. zum gleichen Thema! Versuche dabei, die Anzahl der Wörter pro Verszeile, die Anzahl der Verse und Strophen zu übernehmen und auch das Reimschema einzuhalten!

Beispiel:

Ein Gleiches	*Alt werden*
Über allen Gipfeln	Über allen Dächern
ist Ruh,	ist Ruh,
in allen Wipfeln	aus allen Gemächern
spürest du	hörest du
kaum einen Hauch	kein einziges Wort
...	...

2.12 Einen Brief an den Dichter schreiben

Der Sinn des schriftlichen Interpretierens von Gedichten ist im Unterricht oft schwer zu vermitteln. Daher sind Methoden, die Zweckgebundenheit aufweisen, besonders zu berücksichtigen. Das Schreiben eines Briefes ist in einen Kommunikationszusammenhang eingebettet, der zur Motivation für Schülerinnen und Schüler der Sekundarstufe I erheblich beitragen kann. Der Dichter erhält (wenn auch nur vorstellungsmäßig) von den Schülerinnen und Schülern einen Brief, in dem (bezogen auf die Rezeption seines Werkes) auf positive und negative Eindrücke eingegangen wird. *Spinner* (1997, S. 44) schreibt dazu: „Selbst wenn es sich um einen toten Autor handelt, dem man den Brief nicht mehr senden kann, ist das Verfahren reizvoll und ermöglicht eine persönlich engagierte und zugleich textbezogene Auseinandersetzung."

Nicht zuletzt ist dieses Verfahren auch deshalb geeignet, da das Medium „Brief" eine sehr persönliche und private Atmosphäre erzeugt, die für das Verständnis von Lyrik wichtig ist.
(Seiten 49 und 67)

Schreibe einen Brief an den Autor des Gedichtes, in dem du ihm erzählst, was dir an dem Gedicht gefällt und was nicht, und ihm Fragen stellst!

Beispiel:

Sehr geehrter Herr Achim von Arnim,
beim Lesen Ihres Gedichtes ist mir aufgefallen, dass Sie den Menschen als sehr hilflos darstellen, meinen Sie nicht auch, ...

2. Erläuterungen zu den Bearbeitungsvorschlägen

2.13 Fortführen von Gedichten

Viele Gedichte enden mit einem markanten Schlusspunkt, mit dem das Gedicht unwiderruflich abschließt. Einige präsentieren sich jedoch ohne einen Abschluss. Sie haben vielmehr einen offenen, Assoziationen auslösenden Schluss, der zum Weiterdenken auffordert. Dieses gedankliche Fortführen kann im Weiterschreiben münden, bei dem gleichzeitig auch der Umgang mit lyrischen Elementen vertieft wird.

Denn bei diesem Verfahren kommt es auch darauf an, ein Gedicht in der Art fortzuführen, dass dessen Bauschema eingehalten wird. Besonders motivierend kann sich diese Methode auf Jugendliche auswirken, denen es nicht leichtfällt, bei Schreibaufträgen einen Anfang zu finden. Inhaltlich wird den Schülerinnen und Schülern freie Hand gelassen, was unterschiedliche Deutungen und somit auch variierende Gedichtschlüsse zulässt. Diese von Schülerhand geschriebenen Varianten bieten einen geeigneten Ansatzpunkt für eine spätere Diskussion, in der die verschiedenen Möglichkeiten vorgestellt und verglichen werden.
(Seiten 47 und 75)

> Wie könnte das Gedicht weitergehen? Schreibe für das Gedicht einen neuen Schluss! Versuche, das Bauprinzip (Verszeilen, Strophen, ...) des Gedichtes einzuhalten!

Beispiel:

In der Frühe
Goldstrahlen schießen übers Dach,
Die Hähne krähen den Morgen wach;
[...]
Ihr wackern Hähne, krähet doch!
Sie schlafen immer, immer noch!
Kommt endlich aus den Federn raus
und seht einmal vor euer Haus:
Da ist ein neuer Morgen
und es gibt keinen Grund für Sorgen!

usw.

2.14 Ein Gedicht aus veränderter Perspektive wiedergeben

Jedes Gedicht ist mehr oder weniger von einer bestimmten Sichtweise geprägt: „Sprachliche Bearbeitung von Wirklichkeit ist immer perspektivisch – dies kann man durch Umschreibungen in eine veränderte Perspektive ins Bewusstsein heben" (*Spinner* 1997, S. 56). Zum vollständigen Erfassen eines lyrischen Textes gehört es daher, die verschiedenen Sichtweisen zu beleuchten und diese mit eigenen Ansichten in Verbindung zu bringen. Besonders eignen sich dafür Gedichte, die unterschiedliche Positionen andeuten, aber nur aus einer bestimmten Sichtweise geschrieben wurden. Dieses Verfahren bietet den Schülerinnen und Schülern die reizvolle Möglichkeit, ein Gedicht aus einer ganz anderen Warte zu sehen und eigene Deutungen mit einfließen zu lassen. Je nach Schwierigkeitsgrad kann das Reimschema des Originalgedichtes eingehalten oder unbeachtet gelassen werden.
(Seiten 61 und 81)

> Überlege, wie das Gedicht lauten könnte, wenn es von einer anderen Person oder von einem anderen Standpunkt aus geschrieben worden wäre (z. B. aus der Sicht von ...)!

Beispiel:

Der Panter
Ich bin so furchtbar müde,
ich drehe mich im Kreis.
Für mich gibt's keine Freude,
mein Herz ist kalt wie Eis.

Gern würd' ich im Urwald jagen
und in der Sonne ruhn,
doch muss ich den Käfig ertragen
und kann nichts dagegen tun.

usw.

2. Erläuterungen zu den Bearbeitungsvorschlägen

2.15 Textvergleich motivgleicher Gedichte

In lyrischen Werken widmen sich immer wieder verschiedene Dichter gleichen oder ähnlichen Themen. Oft spiegeln die Gedichte ganz unterschiedliche Ansichten über den gleichen thematischen Schwerpunkt wider. In vielen Fällen lassen sich aber auch Übereinstimmungen finden. Die Gemeinsamkeiten und Unterschiede zu finden und über mögliche Gründe und Hintergründe zu reflektieren, ist ein geeignetes Mittel, um Gedichte zu interpretieren. Motivgleiche oder verwandte Gedichte sind dabei in erster Linie geeignet. Der in der Deutschdidaktik feststehende Begriff „Gedichtvergleich" ist bei diesem Arbeitsvorschlag nicht in vollem Maße zutreffend. Entscheidend ist die dadurch aufgezeigte Richtung, in die das Verfahren gehen soll. Die Stoffsammlung in tabellarischer Form mag ungewöhnlich sein, sie dient aber der deutlichen Gegenüberstellung und ist eine Hilfestellung für das mögliche Anfertigen eines Gedichtvergleichs. Dieser Arbeitsvorschlag will nicht als Anleitung zu einem „professionellen" Gedichtvergleich verstanden werden; daher sind auch die Bereiche Metrum, Reim usw. weggelassen worden (die natürlich ggf. wieder aufgenommen werden könnten).
(Seiten 33, 41 und 43)

> Lies dir beide Gedichte durch! Trage nun in die Tabelle ein, mit welchen Wörtern oder Sätzen die beiden Dichter das Thema ... beschreiben! Schreibe auch dazu, was dir persönlich zu den Gedichten einfällt!

Beispiel:

Meeresstille	Glückliche Fahrt
tiefe Stille	Himmel ist helle
ohne Regung	Winde säuseln
bekümmert	Schiffer rührt sich

2.16 Freies Schreiben zu Leitmotiven

Spannende Ergebnisse und die Möglichkeit zur kreativen Entfaltung bietet dieser Arbeitsvorschlag.
Das Gedicht auf der Kopiervorlage gibt hierbei das Leitthema vor: Den Schülerinnen und Schülern ist so ein dehnbarer Rahmen gegeben, in dem sie sich nach eigenen Fähigkeiten bewegen können. Freigestellt wird die Wahl des Strophenaufbaus und die Entscheidung, ob ein Reim vorliegen soll. Um die unterschiedlichen Perspektiven zu einem bestimmten Thema herauszuarbeiten, kann es sich durchaus anbieten, die Schülerarbeiten mit einem Originalgedicht zu vergleichen. Dabei sollte allerdings darauf geachtet werden, dass die Produktionen der Schülerinnen und Schüler nicht als minderwertig „abgestempelt" werden, sondern eine andere (naivere) Sicht der Dinge darstellen.
(Seiten 31 und 65)

> Schreibe ein eigenes Gedicht zum Thema ..., in das du deine persönlichen Gedanken und Ansichten einfließen lassen kannst! Wenn du möchtest, kannst du später dein Gedicht mit dem des Dichters vergleichen: Was ist anders und wo findest du Gemeinsamkeiten?

Beispiel (ausgehend von „Septembermorgen"):

Das Herbstblatt

Die Sonne geht auf, ein buntes Blatt
fällt tief vom Baum herab.
Unten bleibt es liegen
und wartet,
dass es zugedeckt wird
vom nächsten Blatt.

3. Wie setze ich dieses Buch im Unterricht ein?

3.1 Praktische Hinweise

Das vierte Kapitel dieses Buches ist für die konkrete Anwendung im Unterricht ausgelegt. Die 34 Gedichte sind nach folgenden Themenschwerpunkten angeordnet, die mit verschiedenen Piktogrammen gekennzeichnet sind:

  Frühling, Sommer, Herbst und Winter

 Regen, Sturm und Sonnenschein

 Fantasie und Abenteuer

 Menschen

 Tiere und Pflanzen

 Alter und Tod

 Tag und Nacht

 Weihnachten und andere Feste

 Freundschaft und Liebe

Die Gedichte können auch nach den *Bearbeitungsvorschlägen* ausgewählt werden. Dazu finden sich unter dem zweiten Kapitel die entsprechenden Verweise. Jede der vorgestellten Methoden ist durch zwei oder drei Gedichte mit dazugehörigen Arbeitsbögen präsent.
Die dritte Möglichkeit, die gewählt werden kann, ist, die Gedichte nach den *Dichtern* auszusuchen. Dazu sind im Inhaltsverzeichnis die Gedichttitel und ihre Autoren aufgeführt.
Jeder *Arbeitsbogen* bzw. *Gedichtbogen* (die beiden Begriffe werden synonym verwendet) ist unten mit einem Kasten versehen, in dem sich die Bearbeitungsvorschläge befinden. In diesen Kästen sind zusätzlich noch Symbole, die Aufschluss über den Arbeitsvorschlag geben sollen:

a)

Erscheint das Symbol „Buch", soll das Augenmerk besonders auf das Erlesen des Gedichtes gelenkt werden.
Die sprachliche Ausgestaltung des Textes steht bei dieser Aufgabe im Vordergrund.

b)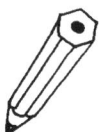

Der Stift steht für das schriftliche Bearbeiten der Aufgabe, auf das der Schwerpunkt gelegt wurde. Da produktionsorientierter Deutschunterricht eng mit eigenem Schreiben zusammenhängt, ist dieses Symbol häufig vertreten.

c)

Dieses (an einen „Knalleffekt" erinnernde) Symbol steht für die kreative Idee, die die Schülerinnen und Schüler für die Bearbeitung der Aufgabe mit einbringen sollen.

In einigen Fällen befinden sich auf den Erläuterungsseiten (im vierten Kapitel immer auf der linken Seite) Vorschläge (bzw. Vorlagen) für *Folien*, die mit dem Overheadprojektor zum Einsatz kommen können.

3.2 Vorschläge zur Unterrichtsform

3.2.1 Die Gedichtstunde

Anregungen für vollständige Lyrikstunden finden Sie unter Kapitel 4. Dabei wurde folgende Einteilung vorgenommen:
Am Kopf der linken Seiten ist ein Kasten mit einigen kurzen *Erläuterungen zu den Dichtern* platziert, dazu zählen die Lebensdaten und Bemerkungen zur literarischen Bedeutung. Ist ein Autor mehrfach durch Gedichte vertreten, ist der „Steckbrief-Kasten" nur einmal vorhanden und zwar bei dem Gedicht, das im vierten Kapitel zuerst aufgeführt wird.

3. Wie setze ich dieses Buch im Unterricht ein?

Auf diesen Seiten befinden sich jeweils zum einen *inhaltliche* und *sprachliche Analysen* zu den Gedichten. Diese sind so angelegt, dass sie das Wesentliche wiedergeben. Sie stellen keinesfalls den Anspruch an eine Interpretation dar, auf die es in diesem Zusammenhang auch primär nicht ankommt. Der unterrichtsrelevante, thematische Schwerpunkt des Gedichtes, seine Aussage und kurze Erläuterungen zum Aufbau (Strophenaufbau, Reimschema, Stilmittel, Besonderheiten) sind hier zusammengefasst.

Zum anderen sind *didaktische Bemerkungen* angefügt. Sie beziehen sich auf die Gründe für die Behandlung des Gedichtes und auf die Bedeutung für die Schülerinnen und Schüler. Weiterhin wird auf mögliche Schwierigkeiten und Lernvoraussetzungen eingegangen.

Es schließen sich die *methodischen Hinweise* in Form eines konkreten Entwurfes für eine Unterrichtsstunde an, die in vier Phasen unterteilt ist (z. B. „Einstieg" – „Textbegegnung" – „Anwendung" – „Vergleichen der Arbeitsergebnisse"). Ist eine Tafelanschrift oder eine Folie für den Overheadprojektor vorgesehen, wird das durch Beispiele bzw. Vorschläge für die Erstellung von Folien ergänzt. Auf die Arbeits- bzw. Gedichtbögen wird mit einem Pfeil (→) verwiesen, der andeuten soll, dass es an dieser Stelle geeignet wäre, den Arbeitsbogen einzusetzen, welcher so konzipiert ist, dass alle Schritte (von der Gedichtrezeption über Bearbeitungsmaßnahmen bis zur eigenen Produktion) auf einer Seite vereint werden, was zur Übersichtlichkeit beiträgt. Konkrete Beschreibungen und Hinweise zu den produktiven Arbeitsmethoden wurden bereits im zweiten Kapitel vorgestellt.

Die skizzierten Gedichtstunden bilden eine Einheit, trotzdem können sie natürlich auch als Vorschläge verstanden werden, die sich beliebig verändern und ergänzen lasssen. Die einzuplanende Zeit hängt von der Lerngruppe ab, in der Regel beziehen sich die Ausführungen jedoch auf eine oder zwei Schulstunden.

3.2.2 Freiarbeit

Sollen die Gedichte auch ein Thema in der Freiarbeit sein, so bieten sich hier produktive Verfahren in besonderem Maße an. Durch folgende Schritte kann mit Hilfe des Materials dieses Buches eine Freiarbeitskartei (ab Seite 89) hergestellt werden:

a) Alle *Arbeitsbögen* werden in beliebiger Anzahl (Klassenstärke) kopiert und in 34 Prospekthüllen in einem Ordner nach Themen sortiert aufbewahrt. Es empfiehlt sich, die Abgrenzung zwischen den verschiedenen thematischen Schwerpunkten durch Reiter oder Ähnliches hervorzuheben.

b) Die *Arbeitskarten* am Ende des Buches werden kopiert, ausgeschnitten, auf feste Pappe (z. B. farbigen Tonkarton) geklebt und eventuell mit Folie überzogen bzw. laminiert. Sie werden in einer Holzkiste oder einer Dose untergebracht.

> **Sie benötigen dazu:**
> – einen großen Ordner (DIN A4)
> – 34 Prospekthüllen
> – Pappe
>   Laminiergerät/Klebefolie
> – Holzkiste/Dose

Die Schülerinnen und Schüler können mit der Kartei selbstständig arbeiten. Sie führen dazu einen *Gedichtordner* oder ein *Gedichtheft*, in dem sie die bearbeiteten Gedichtbögen und andere Arbeitsergebnisse aufbewahren.

Insgesamt sind elf Freiarbeitskarten vorhanden, die jeweils zu zwei oder drei Gedichten passen. Die Gedichttitel sind am Kopf der Karteikarte verzeichnet. Die Schülerinnen und Schüler suchen sich also zuerst aus dem Ordner einen Gedichtbogen aus und danach die dazu passende Karteikarte. Sie bearbeiten sowohl die Aufgaben auf dem Gedichtbogen als auch die Arbeitsvorschläge der Karteikarte.

3.2.3 Fächerübergreifendes Arbeiten

Das vernetzte Denken, das durch die Verknüpfungen zwischen den Unterrichtsfächern gefördert wird, ist eine Forderung des Lehrplans. Viele Aspekte der ausgewählten Gedichte lassen sich vertiefend aus der Perspektive eines anderen Faches erschließen. Dazu sollen hier einige Vorschläge aufgeführt werden:

a) Mondnacht (*Eichendorff*)
 – *Deutsch*
 – *Musik* (Vertonung durch *Schumann*)

b) Der Panter (*Rilke*)
 – *Deutsch*
 – *Biologie* (Verhalten von Tieren, Schulung der Artenkenntnis)

3. Wie setze ich dieses Buch im Unterricht ein?

c) Meeresstille (*Goethe*)
- *Deutsch*
- *Geschichte* (Schifffahrt im 18. und 19. Jahrhundert)
- *Erdkunde* (berühmte Schiffsreisen auf der Karte nachvollziehen)

d) Die Sonnenblume (*Britting*)
- *Deutsch*
- *Biologie* (Anbau, Nutzung)

e) Der Mensch ist bald ... (*Arnim*)
- *Deutsch*
- *Religion* (Geborgenheit und Trost durch Gott)
- *Philosophie* (Vergänglichkeit des Seins)

3.3 Präsentationsmöglichkeiten

Nachdem die Schülerinnen und Schüler nun erfolgreich mit den Gedichten gearbeitet haben, gibt es viele verschiedene Ergebnisse und es wäre schade, wenn diese in irgendeiner Schublade verschwinden würden. Von daher liegt der Gedanke nahe, die Arbeiten der Lerngruppe in einem würdigen Rahmen zu präsentieren und damit gleichzeitig zu einer ästhetisch ansprechenden Lernumgebung beizutragen. In der Grundschule oft mit Erfolg praktiziert, wird das Ausstellen von Arbeitsergebnissen in der Sekundarstufe I oft aus verschiedenen Gründen vernachlässigt. Trotz eines größeren Zeitaufwands für die Lehrkraft ist es jedoch auch für ältere Schülerinnen und Schüler wichtig, dass sie in Ausstellungen einen Rahmen finden, ihre eigene Leistung zu präsentieren. In dem hier abgebildeten Ideenkoffer finden Sie einige Anregungen für Präsentationsmöglichkeiten, die nun kurz erläutert werden sollen.

a) Wandzeitung
Die Präsentationsform der Wandzeitung bietet sich aus verschiedenen Gründen besonders an: Sie ist für alle sichtbar im Klassenraum (oder Schulflur) angebracht und kann sich der Beachtung sicher sein. Die gestalteten Arbeitsbögen, die mit eigenen Werken und Illustrationen versehen sind, stellen einen Raumschmuck dar, der zu einer angenehmen Lernatmosphäre beitragen kann. Außerdem ist die Wandzeitung auch für andere (Eltern, Parallelklassen) zugänglich.

b) Gedichtheft
Ein Gedichtheft zu führen, verlangt von der Lerngruppe ein besonderes Maß an Organisation, Sauberkeit und Kreativität. Jeder dieser Bereiche ist für die Entwicklung einer Lernhaltung wichtig. Ein Vorteil ist, dass dieses Gedichtheft von anderen unabhängig vom Ort eingesehen werden kann und es die Schülerin/der Schüler mit nach Hause nehmen kann.

c) Lyrik-Abend
Die Präsentation der Arbeitsergebnisse an einem Gedichtabend, soll vor allem die Eltern mit einbeziehen, um die Vorgänge des Unterrichtes transparenter zu machen. Die Schülerinnen und Schüler tragen dabei sowohl die Originalgedichte als auch ihre eigenen Produktionen vor. Es würde sich anbieten, den Lyrik-Abend zu einem bestimmten Thema zu gestalten (z. B. „Tiere" oder Frühling") und auch andere Fächer (Kunst, Biologie, Haushaltslehre) in die Gestaltung einzubinden.

d) Lyrik-Kassette
Die Schülerinnen und Schüler besprechen eine Kassette (Originalgedichte und anschließend die eigenen Werke). Dieses Verfahren schult besonders das gestaltende Sprechen von Gedichten.

Unter e) u. f) können Sie eigene Ideen ergänzen!

4. Vorschläge für den Lyrikunterricht

4.1 Frühling, Sommer, Herbst und Winter

Josef Guggenmos
Lebensdaten: *1922
Zur Person: Josef Guggenmos zählt zu den bekanntesten Verfassern deutscher Kinderlyrik.

„Schneekristall"

Das kurze Wintergedicht lässt sich, sieht man von dem naturlyrischen Bezug ab, der visuellen Poesie zuordnen. *Guggenmos* beschreibt in drei Verszeilen das Bild, das sich ihm bot, als ihm ein Eiskristall auf der Hand lag. Die Zeilen ihrerseits sind, mit dem Inhalt korrespondierend, in Form eines Schneekristalls angeordnet. Das Kristall währt in seiner spezifischen Form zwar nur eine Sekunde, bevor es durch die Wärme der Hand schmilzt, jedoch ist dem Dichter der Eindruck, das innere Bild von diesem Kristall, ewig in seiner Schönheit vor Augen („*ewig schön, eine Sekunde*").

Der äußere Aufbau des Gedichtes folgt dem Bauschema eines Kristalls: So ist die mittlere Zeile mit sechs Wörtern die längste, zwischen der ersten und der zweiten Zeile befindet sich außerdem ein Versenjambement, das symbolisch für die als Bild ewig währende Verbundenheit dieses Kristalls angesehen werden kann.

Das kurze Gedicht „Schneekristall" ist durch seine visuelle Anordnung mit Signalwirkung versehen. Nur wenige Worte („*eine Sekunde, ewig schön*") beschreiben das Phänomen „Schneekristall" sehr eindringlich.

Den Schülerinnen und Schülern wird die Wirkung von gestalteten Texten deutlich, die sich als Vorlage für eigenes Schreiben anbieten.

1. Einstieg

Das Bild des Schneekristalls wird mit dem Overheadprojektor gezeigt (Folie 1). Die Lerngruppe äußert sich dazu.

2. Erarbeitung

Auf einer weiteren Folie wird das Gedicht präsentiert und von der Lehrerin/dem Lehrer vorgelesen. In einem gelenkten Gespräch wird nun die Parallele zwischen dem Bild des Kristalles und dem Gedicht im Hinblick auf die gleiche Anordnung erarbeitet. Zur Verdeutlichung werden dann die Zeilen des Gedichtes auf der Folie mit drei farbigen Linien gekennzeichnet, die ebenfalls auf das Bild des Schneekristalls übertragen werden:

Schneekristall

Ein Schneekristall lag
mir auf der Hand, ewig schön,
eine Sekunde.

Folie 1   Folie 2

3. Anwendung, Transfer

Nun werden die Gedichtbögen → verteilt, die Schülerinnen und Schüler lesen das Gedicht noch einmal für sich.

Ein eigenes Wintergedicht wird jetzt gestaltet, dazu werden erst einmal Dinge in einem Brainstorming gesammelt, die wie das Schneekristall mit der Jahreszeit Winter in Verbindung stehen (z. B. *Tannenbaum, Weihnachtsmann, Kerze, Stern usw.*).

Jede Schülerin und jeder Schüler sucht sich einen Gegenstand aus und zeichnet dessen Umrisse auf die rechte Seite des Arbeitsbogens. Es werden Schreiblinien gezogen (siehe Schneemann). Der leere Raum innerhalb des Umrisses wird nun mit einem eigenen Wintergedicht gefüllt.

4. Vergleich der Ergebnisse/Hausaufgaben

Einige Produktionen werden auf Folien übertragen und dem Plenum vorgestellt. Der Schneemann auf der linken Seite des Arbeitsbogens wird zu Hause mit einem Gedicht versehen.

4.1 Frühling, Sommer, Herbst und Winter

Schneekristall

Ein Schneekristall lag
mir auf der Hand, ewig schön,
eine Sekunde.

(Josef Guggenmos)

①

② Hier kannst du die Umrisse deines Gedichtes aufzeichnen und das Gedicht eintragen:

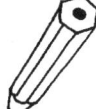

① Überlege dir, wie das Gedicht für den Schneemann lauten könnte, und schreibe es auf die Linien!
② Suche dir einen anderen Gegenstand aus der Jahreszeit „Winter" und gestalte dein Gedicht über diesen Gegenstand in der Form seines Umrisses z. B. Tanne, … Nimm dir dabei das Gedicht „Schneekristall" von Josef Guggenmos als Vorlage!
Leichter wird es, wenn du den Gegenstand erst als Umrandung zeichnest und ihn dann mit dem Gedicht füllst!

4.1 Frühling, Sommer, Herbst und Winter

Friedrich Hebbel
Lebensdaten: 1813–1863
Zur Person: Hebbel gilt als einer der größten deutschen Dramatiker und Lyriker des 19. Jahrhunderts. Die Lyrik Hebbels überzeugt durch eine wunderbare der Natur zugewandte Einfachheit.

„Sommerbild"

Das Gedicht zeigt eine Momentaufnahme, eine sommerliche Szene, in welcher der Dichter sich unmittelbar wiederfindet. Obwohl der Titel des Gedichtes die Beschreibung eines Idylls vermuten lässt, finden sich auch dramatische Nuancen wieder („*die letzte Rose*"). Das Gedicht gibt eine Beschreibung in Ich-Form wieder: „*Ich sah des Sommers letzte Rose stehn*"; „*da sprach ich schauernd im Vorübergehn …*"

Die Farbe „Rot" symbolisiert das Leben, allerdings scheint sich der Kreislauf zwischen Leben und Tod unmittelbar zu schließen („*so weit im Leben ist zu nah am Tod*"), die Vergänglichkeit der Pflanze und damit auch des Menschen wird angesprochen. Der weiße Schmetterling ist nun eine inhaltliche Antithese zum bewegungslosen heißen Tag („*es regte sich kein Hauch am heißen Tag, nur leise strich ein weißer Schmetterling*"), die Farbe „Weiß" steht hier für Reinheit und Unbeschwertheit. Die Berührung der Luft durch die Flügel symbolisiert wiederum die enge Verbindung zwischen Leben und Sterben, bzw. das unwiderrufliche Verrinnen der Zeit („*sie empfand es und verging*").

Das zweistrophige Gedicht ist kreuzweise gereimt und ist – wie der Titel schon vorgibt – ein sprachliches Gemälde, das sich durch zahlreiche Adjektive („*rot*", „*schauernd*", „*heiß*", „*weiß*") dem Leser eindrucksvoll präsentiert.

Das Gedicht soll anregen, die Jahreszeit Sommer, die vor allem für unbeschwertes Leben und Leichtigkeit steht, auch einmal von einer anderen Seite aus zu beleuchten. Die Schüler sollen sich in die beschriebene Szenerie einfühlen (Garten im Sommer) und ausgehend vom Bild der Rose, die bald verwelken wird, über den Komplex „Vergänglichkeit" nachdenken.

1. Einstimmung

Für alle sichtbar befindet sich vorn auf dem Lehrertisch eine besonders schöne rote Rose.

Die Lehrerin/der Lehrer liest ohne vorherige Ankündigung das Gedicht vor.

2. Erarbeitung

Die Schülerinnen und Schüler erhalten die Gelegenheit, zu dem Gedicht Assoziationen zu äußern und gegebenenfalls Fragen zu stellen. Die enge Verbindung zwischen Leben und Tod, im Gedicht symbolisiert durch die Rose, die nach dem Sommer welken wird, soll in einem gelenkten Gespräch erläutert werden, wobei der Begriff „Vergänglichkeit" erarbeitet und beleuchtet werden soll.

3. Vertiefung

Die Arbeitsbögen → werden ausgeteilt und das Gedicht wird nochmals gelesen. Die Schülerinnen und Schüler schreiben ihre Gedanken und Fragen, die ihnen beim Lesen einfallen, als Interlinearkommentare auf die freien Linien. Bei dieser Phase ist Partnerarbeit von Vorteil, da sich im gemeinsamen Gespräch die Fragen und Notizen zu dem Gedicht besonders gut herausfinden lassen.

4. Vorstellung der Arbeitsergebnisse

Die Lerngruppe bildet zusammen mit der Lehrerin/dem Lehrer einen Sitzkreis. Die mit Kommentaren versehenen Gedichte werden vorgetragen, miteinander verglichen und diskutiert.

4.1 Frühling, Sommer, Herbst und Winter

Sommerbild

Ich sah des Sommers letzte Rose stehn,

___

Sie war, als ob sie bluten könne, rot;

___

Da sprach ich schauernd im Vorübergehn:

___

So weit im Leben, ist zu nah am Tod!

___

Es regte sich kein Hauch am heißen Tag,

___

Nur leise strich ein weißer Schmetterling;

___

Doch, ob auch kaum die Luft sein Flügelschlag

___

Bewegte, sie empfand es und verging.

___

(Friedrich Hebbel)

 Du findest zwischen den Versen dieses Gedichtes Leerzeilen, in die du Gedanken, Fragen und Wörter schreiben kannst, die dir beim Lesen des Gedichtes einfallen.
Z. B.: Ich sah des Sommers letzte Rose stehn,

Waren dort noch andere Blumen? usw.

4.1 Frühling, Sommer, Herbst und Winter

„Herbstbild"
In dem aus dem Jahre 1852 stammenden Gedicht zeichnet *Hebbel* das Bild eines unvergesslich schönen Herbsttages. Der Dichter versteht es, die andächtige Stille der herbstlichen Atmosphäre zum Leser zu transportieren. Die beschriebene Ruhe („*Die Luft ist still, als atmete man kaum*") wird nur vom Herabfallen der „schönsten" Früchte unterbrochen, was allerdings ein natürlicher Vorgang bleibt, denn in der zweiten Strophe weist uns *Hebbel* darauf hin, die natürliche Erntefeier nicht durch menschliche Eingriffe zu stören, die Natur möge unter sich bleiben, denn „*dies ist die Lese, die sie selber hält.*" Die letzten beiden Verse sind in dreifacher Hinsicht der Vollendung gewidmet: Sie vollenden, sie beschließen das Herbstgedicht. Durch das Einbringen der Sonne, die die Früchte reifen und von den Zweigen fallen lässt, vollenden sie die Lese der Natur und sprechen drittens im übertragenen Sinne den abgeschlossenen Reifeprozess eines Menschen an. Den Herbst in der Natur und den Lebensherbst des Menschen betrachtet der Dichter gleichermaßen als harmonische Vollendung.

Das zweistrophige jambische Gedicht ist von Kreuzreimen geprägt, die ihm ein hohes Maß an innerer Geschlossenheit geben. Beide Strophen beginnt *Hebbel* mit einem Aus- bzw. Aufruf. Durch diese Einleitungen wirkt das Gedicht eindringlich und gleichzeitig durch andere Verszeilen wiederum zurückgenommen („*Die Luft ist still*"), wodurch es, in seiner Ganzheit betrachtet, eine überzeugende und dem Thema in jeder Hinsicht sehr gerecht werdende Harmonie zum Ausdruck bringt.

Das stimmungsvolle „Herbstbild" vermag die dichterische Sichtweise und die Erkenntnis, dass im Herbst Vollendung und Absterben der Natur nahe beieinanderstehen, den Schülerinnen und Schülern besonders gut zu vermitteln und die Freude an der Natur zu wecken.

1. Einstieg
Das auf Folie gezogene Gedicht wird der Klasse über den Overheadprojektor präsentiert und von einer Schülerin/einem Schüler laut vorgelesen.

2. Erarbeitung
Die Lehrerin/der Lehrer gibt als Denkanstoß einen Satz vor: „*Beim Lesen und Hören eines Gedichtes entstehen innere Bilder.*" Die Bedeutung von inneren Bildern (im Hinblick auf Fantasie), die je nach Leser sehr unterschiedlich ausfallen können, und die Komponenten eines Gedichtes, die diese hervorrufen (beschreibende Wörter und Schlüsselbegriffe), sollen erarbeitet werden. (Beispiele: „*die schönsten Früchte*"; „*Feier der Natur*"). Die Lerngruppe nennt innere Bilder, die beim Lesen des Gedichtes entstanden sind, und verknüpft diese mit konkreten Textstellen. Nun schafft die Lehrkraft die Überleitung zwischen den besprochenen inneren Bildern und möglichen sichtbaren, konkreten Illustrationen, was wiederum die Arbeitsaufgabe einleitet.

3. Kreative Auseinandersetzung
Die Arbeitsbögen → werden verteilt und nach den individuellen Vorstellungen der Schülerinnen und Schüler illustriert. Dabei werden die in der Erarbeitungsphase genannten inneren Bilder in Form von Fotos und Bildern (die möglicherweise in einer Materialkiste bereitstehen), selbst angefertigten Zeichnungen und anderen Materialien konkretisiert. Die auf der Kopiervorlage genannten Vorschläge dienen als Ideenpool und Orientierungshilfe.

4. Festhalten der Arbeitsergebnisse
Die Schülerinnen und Schüler schreiben in Stichworten an die Tafel, womit sie ihre Gedichtbögen illustriert haben. Das fertige Tafelbild wird im Hinblick auf Unterschiede und Gemeinsamkeiten zwischen den einzelnen Schülerarbeiten verglichen.

4.1 Frühling, Sommer, Herbst und Winter

Herbstbild

Dies ist ein Herbsttag, wie ich keinen sah!
Die Luft ist still, als atmete man kaum,
Und dennoch fallen raschelnd, fern und nah,
Die schönsten Früchte ab von jedem Baum.

O stört sie nicht, die Feier der Natur!
Dies ist die Lese, die sie selber hält,
Denn heute löst sich von den Zweigen nur,
Was vor dem milden Strahl der Sonne fällt.

(Friedrich Hebbel)

Mein Herbstbild

Male oder zeichne zu dem Gedicht ein Herbstbild! Wenn du möchtest, kannst du auch Zeitungsausschnitte, Fotos, Stoff und andere Materialien, die dazu passen, zu einer Collage gestalten.

4.1 Frühling, Sommer, Herbst und Winter

Georg Heym
Lebensdaten: 1887–1912
Zur Person: Georg Heym gehörte zur deutschen expressionistischen Jugend vor dem 1. Weltkrieg und ist besonders als Lyriker bekannt.

„April"
Dieses Frühlingsgedicht ist dem Bereich Naturlyrik zuzuordnen. Das Landschaftspanorama in lyrischer Form spiegelt die für den Monat April typischen Wetterverhältnisse stimmungsvoll wieder („*Das erste Grün der Saat, von Regen feucht, zieht weit sich hin an niedrer Hügel Flucht*"; „*Wie auf der stillen See ein Wölkchen steht, so ruhn die Berge hinten in dem Blau*"). Detaillierte Beschreibungen der Landschaft lassen vor dem inneren Auge ein malerisches Bild entstehen, das vor allem durch die häufige Verwendung von Adjektiven („*feucht*", „*weit*", „*groß*", „*dünn*", „*grau*") und den beschriebenen Farben („*das erste Grün*", „*zu braunem Dorngebüsch*", „*Silberschleier*") getragen wird. Durch das Reimschema (Kreuzreime) wirkt das Gedicht in sich sehr geschlossen, die beiden Strophen stehen in einem engen inhaltlichen Zusammenhang und bilden eine vollkommene Einheit.

Jahreszeitenlyrik, oft sehr anschaulich und konkret, erfreuen sich bei Kindern und Jugendlichen meist großer Beliebtheit. Das mag nicht zuletzt daran liegen, dass es sich bei diesen Gedichten um einen realen und bekannten Gegenstand handelt, den die Schülerinnen und Schüler aus ihrem eigenen Erfahrungsbereich kennen und an den sie leicht anknüpfen können.

Das Thema „Aprilwetter" lässt sich direkt in der Lebenswelt der Jugendlichen verorten, denen diese Wetterphänomene durchaus bekannt sein dürften und die durch das Gedicht aufgefordert werden, sich gedanklich auf eine frühlingshafte Landschaftskulisse einzulassen.

1. Einstimmung
Der Begriff „April" wird von der Lehrerin/dem Lehrer an die Tafel geschrieben und eingekreist.

2. Erarbeitung
Die Schülerinnen und Schüler äußern Gedanken und Vermutungen, die die Lehrkraft im Clusteringverfahren an der Tafel festhält:

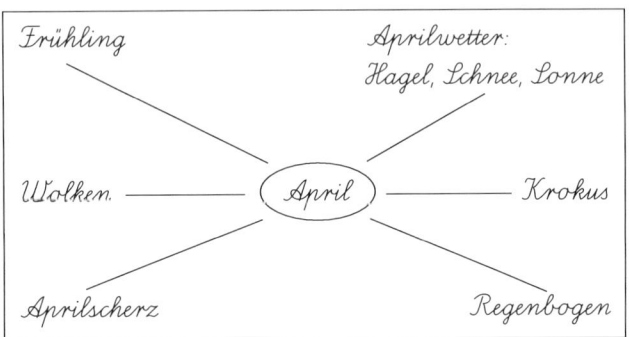

Nachdem das Gedicht auf dem Arbeitsbogen → vorgelesen wurde, wird der Cluster um Begriffe aus dem Text ergänzt (z. B. „*erstes Grün*", „*feiner Regen*"). Gründe für die besondere Anschaulichkeit des Gedichtes (viele Adjektive und Nomen, die die Natur darstellen) sollen erarbeitet werden. Das Gedicht wird noch einmal von den Schülerinnen und Schülern still gelesen.

3. Kreative Vertiefung
Der Arbeitsauftrag wird ausgeführt: Aus Zeitschriften, Materialkisten usw. wird dem Cluster entsprechendes Material herausgesucht und auf dem Gedichtbogen zu einem Bild gestaltet. Zusätzlich können noch Zeichnungen eingebracht werden.

4. Zusammenfassung und Vergleich
In einem Sitzkreis wird noch einmal zusammenfassend berichtet, welches Material für die Illustrationen verwendet wurde, die Arbeitsergebnisse werden dem Plenum vorgestellt und gemeinsam besprochen.

4.1 Frühling, Sommer, Herbst und Winter

April

Das erste Grün der Saat, von Regen feucht,
zieht weit sich hin an niedrer Hügel Flucht.
Zwei große Krähen flattern aufgescheucht
zu braunem Dorngebüsch in grüner Schlucht.

Wie auf der stillen See ein Wölkchen steht,
so ruhn die Berge hinten in dem Blau,
auf die ein feiner Regen niedergeht,
wie Silberschleier, dünn und zitternd grau.

(Georg Heym)

Welche Farben hat der Frühling?

 Gestalte zu dem Gedicht ein Frühlingsbild! Wenn du möchtest, kannst du dazu Zeitungsausschnitte, Fotos, Stoff und andere Materialien verwenden. Vielleicht findest du auch Blumen, die zum Frühling passen, und die du auf den Arbeitsbogen kleben kannst. Du kannst auch ein Frühlingsbild in den Farben des Frühlings malen.

4.1 Frühling, Sommer, Herbst und Winter

Eduard Mörike
Lebensdaten: 1804–1875
Zur Person: Mörike gilt nach Goethe und Schiller als einer der größten deutschen Lyriker. Seine Werke haben sowohl Züge der Romantik als auch des Biedermeier.

„Er ist's"
In dem 1829 entstandenen naturlyrischen Frühlingsgedicht beschreibt das lyrische Ich den sehnsüchtig erwarteten Frühling. Dieser wird herkömmlicherweise personifiziert als ein junger Mann mit einem Hut, der mit einem blauen Band versehen ist. In der Hand hält er Blumen und eine Harfe. So charakterisiert auch der Dichter den Frühling in seinem Gedicht: mit einem flatternden blauen Band, süßen verheißungsvollen Düften und einem leisen Harfenton.

Das trochäische neunzeilige Gedicht, das kunstvoll und kompliziert (abbacdced) durchgereimt ist, lässt in der Überschrift durch die Verwendung eines Personalpronomens noch unerwähnt, von wem das Gedicht handelt. Doch schon die erste Zeile löst die Frage auf („*Frühling lässt sein blaues Band*"). Anaphern („*Süße, wohlbekannte Düfte streifen*") und die Ausrufe in den letzten drei Versen, die durch den Imperativ in der siebten Zeile noch verstärkt werden, geben dem Gedicht eine dynamisch beschwingte Note. Personifizierungen („*Veilchen träumen schon*"; „*Frühling, ja du bist's!*") und Adjektive („*blau*", „*süß*", „*leise*") verleihen dem Gedicht ein hohes Maß an Bildhaftigkeit.

Die Schülerinnen und Schüler sollen *Mörikes* jubelnde Lebensbejahung und freudige Erwartung des Frühjahrs nachempfinden, was durch die Verwendung vieler Adjektive („*blau*", „*süß*", „*wohlbekannt*", „*leise*") und vor allem der Personifikationen („*Veilchen träumen*") leicht bewerkstelligt werden kann. Es gilt zu entdecken, welche Bilder der Dichter verwendet um Empfindungen gegenüber dem Frühling auszudrücken.

1. Einstimmung/Impuls
Das Gedicht wird ohne das in Zeile eins und acht verwendete Wort „Frühling" an die Tafel geschrieben:

Er ist's
☐ *lässt sein blaues Band*
Wieder flattern durch die Lüfte;
Süße, wohlbekannte Düfte
Streifen ahnungsvoll das Land.
Veilchen träumen schon,
Wollen balde kommen.
Horch, von fern ein leiser Harfenton!
☐ *, ja du bist's!*
Dich hab ich vernommen!

Die entstandenen Lücken werfen die Frage auf: „Wer ist es?"

2. Auseinandersetzung mit dem Text
Die Lerngruppe äußert Vermutungen. Fällt das Wort „Frühling", soll es anhand von Textstellen belegt werden, die die Lehrkraft anschließend farblich kennzeichnet. Der Begriff „Frühling" wird in die Lücken eingetragen, das Gedicht wird nochmals vorgelesen.

3. Umgang mit dem Gedicht
Die Schülerinnen und Schüler bearbeiten den Arbeitsvorschlag auf dem Arbeitsbogen und verkürzen das Gedicht auf die angegebene Weise.

4. Vergleich der Ergebnisse
Die verkürzten Gedichte werden vorgetragen und besprochen. Es werden diejenigen Wörter herausgestellt, die von der Lerngruppe besonders häufig für die eigene Produktion verwendet wurden. Der Gedichtbogen kann zu Hause passend zum Thema Frühling kreativ gestaltet werden.

4.1 Frühling, Sommer, Herbst und Winter

Er ist's

Frühling lässt sein blaues Band
Wieder flattern durch die Lüfte;
Süße, wohlbekannte Düfte
Streifen ahnungsvoll das Land.
Veilchen träumen schon,
Wollen balde kommen.
– Horch, von fern ein leiser Harfenton!
Frühling, ja du bist's!
Dich hab ich vernommen!

(Eduard Mörike)

Die 10 wichtigsten Wörter sind für mich:

Er ist's

_____
_____
_____
_____
_____
_____
_____
_____

 Unterstreiche in dem Gedicht 10 Wörter, die du am wichtigsten findest, und trage sie in das Band rechts neben dem Gedicht ein!
Versuche einmal, diese Wörter zu einem neuen kurzen Gedicht zusammenzufügen!

4.1 Frühling, Sommer, Herbst und Winter

„Septembermorgen"

Das Naturgedicht *„Septembermorgen"* von *Eduard Mörike* (vgl. S. 28) lädt den Leser in ein herbstliches Idyll ein. Man spürt beinahe die leise, behutsame Stimme des Dichters, mit der er einen Morgen in der Natur beschreibt. Im ersten Teil des Gedichtes, durch das *„noch"* eingeleitet, herrscht völlige Ruhe, dichter Nebel liegt über den Feldern (*„Im Nebel ruhet noch die Welt, noch träumen Wald und Wiesen"*). Doch der Dichter fordert den Leser auf, Geduld zu haben und zu warten, bis der Schleier des Nebels fällt (*„bald siehst du, wenn der Schleier fällt"*), um den herrlichen Anblick der enthüllten Herbstlandschaft zu genießen. Mit der Bezeichnung *„in warmem Golde fließen"* beschreibt der Dichter uns die harmonische Einheit der Natur, die durch den Herbst versinnbildlicht wird.

Das sechszeilige Gedicht ist durch ein besonderes Reimschema gekennzeichnet (abaaab); Wortneuschöpfungen (*„herbstkräftig"*), Farbwörter (*„blauen"*, *„Golde"*) und Vergleiche (*„Schleier"*) verleihen dem Gedicht eine hohe Bildhaftigkeit und lassen die herbstliche Landschaft deutlich vor dem inneren Auge entstehen.

Durch die Wahl des Komplexes „Herbst" im Gedichtunterricht wird dem Schüler die Möglichkeit erleichtert, sich auf ein Thema einzulassen. Das wird dadurch gesichert, dass dieses Thema von einer hohen Anschaulichkeit und nicht zuletzt von seiner unwiderruflichen Präsenz geprägt ist, der die Schülerinnen und Schüler schon auf ihrem Schulweg begegnen und die sich im *Mörike*-Gedicht *„Septembermorgen"* widerspiegelt.

1. Einstimmung, Impuls

Die Überschrift des Gedichtes wird von der Lehrerin/dem Lehrer unkommentiert an die Tafel geschrieben und eingekreist.

2. Erarbeitung

Die Lerngruppe äußert Assoziationen, die von der Lehrerin/dem Lehrer an der Tafel festgehalten werden. Es entsteht ein Cluster zum Thema *„Septembermorgen"*:

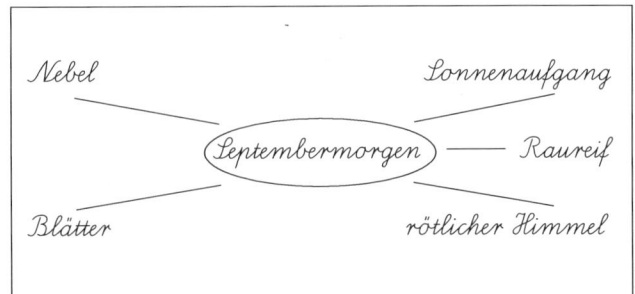

Die Lehrerin/der Lehrer liest die ersten drei Zeilen des Gedichts vor, die Schüler äußern Vermutungen über den weiteren Verlauf. Die Textstelle *„bald siehst du, wenn der Schleier fällt"* wird nochmals vorgelesen, um dazu aufzufordern, sich eingehender mit dem Wort *„Schleier"* zu beschäftigen. An dieser Stelle soll von der Lerngruppe herausgearbeitet werden, dass *Mörike* damit den Nebel umschreibt, der die herbstliche Welt verhüllt. Nun sollen die Schülerinnen und Schüler überlegen, was sich den Augen eines Betrachters eröffnet, wenn sich der Nebel lichtet.

3. Vertiefung, Anwendung

Nun wird der Arbeitsbogen → verteilt, das Gedicht wird laut vortragen. Der Arbeitsauftrag beinhaltet das eigene Verfassen eines Gedichtes mit dem Titel *„Septembermorgen"*. Als Anregung dient der erarbeitete Cluster, aus dem bei Bedarf Begriffe verwendet werden können.

4. Vergleichen der Ergebnisse

Die Schülerinnen und Schüler lesen ihre Gedichte vor, vergleichen und diskutieren diese. Sie sollen nun Überlegungen anstellen, in welchem Maße ihre Produktionen von dem *Mörike*-Gedicht abweichen und welche Gründe es dafür gibt.

4.1 Frühling, Sommer, Herbst und Winter

Septembermorgen

Im Nebel ruhet noch die Welt,
Noch träumen Wald und Wiesen:
Bald siehst du, wenn der Schleier fällt,
Den blauen Himmel unverstellt,
Herbstkräftig die gedämpfte Welt
In warmem Golde fließen.

(Eduard Mörike)

Septembermorgen

_____
_____
_____
_____
_____
_____
_____
_____
_____
_____

(_____)

 Schreibe ein eigenes Gedicht zum Thema **„Septembermorgen"**, in das du deine persönlichen Gedanken und Ansichten dazu einfließen lassen kannst. Wenn du möchtest, kannst du später dein Gedicht mit dem von Mörike vergleichen: Was ist anders und wo findest du Gemeinsamkeiten?

4.2 Regen, Sturm und Sonnenschein

Georg Britting
Lebensdaten: 1891–1964
Zur Person: Britting hat sich besonders im Bereich „Naturlyrik" einen großen Namen gemacht.

„Am offenen Fenster bei Hagelwetter"

Georg Britting beschreibt in diesem Gedicht, wie ihm am Fenster sitzend ein Hagelkorn („*himmlisches Eis*") auf den Tisch springt. Als er es greifen will, schießt es „*wie ein Fisch weg von der Hand*" und schmilzt von der Wärme des Zimmers zu einem Tropfen. Der Kreislauf zwischen Himmel und Erde schließt sich dann durch die Sonne, die den Wassertropfen verdunsten lässt.

Der Dichter versteht es, mit klaren Worten und treffenden Bezeichnungen („*silber-weiß*", „*wie ein Fisch*", „*blitzend wie Gold*", „*mächtig*") beim Leser die gleiche Atmosphäre zu erzeugen, die ihn umgeben haben mochte, als er bei Hagelwetter dieses Eiskorn betrachtete.

Das Gedicht ist in drei vierzeilige Strophen unterteilt, die Kreuzreime aufweisen, von denen der der letzten Strophe unrein ist („*Holz*" – „*Blick*" – „*Sonne*" – „*zurück*"). Durch die enge Verbindung zwischen den Strophen (die erste und zweite Strophe verbindet ein Enjambement, die zweite und dritte Strophe eine Assonanz) erscheint das Gedicht als eine in sich geschlossene Ganzheit, die die Ewigkeit und Beständigkeit des Kreislaufes zwischen Himmel und Erde (Niederschlag und Verdunstung) symbolisiert.

Dieses Britting-Gedicht mit seinen sensiblen Beschreibungen ist in hohem Maße dazu geeignet, die Fähigkeit der Schülerinnen und Schüler zu fördern, sich in vorgestellte Situationen einzufühlen. Dadurch kann ein gesteigertes Maß von Interesse an ihrer Umwelt initiiert werden, zu der auch die Phänomene des Wetters zählen.

1. Hinführung

Auf einer Folie werden mit dem Overheadprojektor die Symbole für Hagel und Schnee gezeigt.

Die Schülerinnen und Schüler äußern Vermutungen, die Begriffe „Hagel" und „Schnee" werden auf der Folie eingetragen.

2. Neuer Inhalt

Die Gedichte auf dem Arbeitsbogen werden vorgelesen. In einem gelenkten Unterrichtsgespräch werden beide Gedichte auf Unterschiede und Gemeinsamkeiten hin untersucht. Die Lehrerin/der Lehrer zeichnet an die Tafel eine Tabelle, in die einige erarbeitete Begriffe eingetragen werden:

Am offenen Fenster ...	Schneekristall
himmlisches Eis	auf der Hand
auf den Tisch	ewig
rund, silberweiß	schön
...	...

3. Anwendungsmöglichkeit

Die Lerngruppe bearbeitet die Aufgabe und vervollständigt die Tabelle. Neben den Begriffen aus dem Gedicht und Beschreibungen über deren Inhalte werden auch persönliche Deutungen der Schülerinnen und Schüler aufgenommen.

4. Zusammenfassen der Ergebnisse

Die Tabelle an der Tafel wird um neu gefundene Begriffe und Sätze ergänzt, auch die Lerngruppe vervollständigt die Tabellen auf den Arbeitsblättern. Ausgehend von der tabellarischen Gegenüberstellung beider Gedichte kann als Hausaufgabe gestellt werden, einen ausführlichen schriftlichen Gedichtvergleich anzufertigen.

Alle in diesem Buch abgedruckten Gedichte von *Georg Britting* sind aus:
Georg Britting: Sämtliche Werke. Band II.
List Verlag. München 1996.
(S. 60, S. 138, S. 56 und S. 47).
Wir danken Frau *Schuldt-Britting* für die freundliche Abdruckgenehmigung.

4.2 Regen, Sturm und Sonnenschein

Am offenen Fenster bei Hagelwetter
Himmlisches Eis
sprang mir auf den Tisch,
rund, silberweiß.
Schoss wie ein Fisch

weg von der Hand,
die's greifen wollt,
schmolz und verschwand.
Blitzend wie Gold

blieb auf dem Holz
Nur ein Tropfen dem Blick.
Mächtig die Sonne
sog ihn zurück.

(Georg Britting)

Schneekristall
Ein Schneekristall lag
mir auf der Hand, ewig schön,
eine Sekunde.

(Josef Guggenmos)

Am offenen Fenster bei Hagelwetter	Schneekristall

 Lies dir beide Gedichte durch! Trage nun in die Tabelle ein, mit welchen Wörtern oder Sätzen die beiden Dichter das Hagelkorn bzw. den Schneekristall beschreiben! Schreibe auch dazu, was dir persönlich zu den Gedichten einfällt!

4.2 Regen, Sturm und Sonnenschein

„Wetterwendischer Tag"

Georg Britting (vgl. S. 32) lässt den Leser hier an einem einmaligen Naturschauspiel teilhaben. Es scheint, als wüsste er selbst kaum, wohin er seinen Blick wenden soll, so viel Interessantes und Atemberaubendes gibt es zu sehen. Vorboten für Regen und Schneeschauer, die auf die Pflanzen („*Veilchen*") niedergehen, sind in der ersten Strophe die Wolken, die der Dichter mit herangaloppierenden Pferden vergleicht. Die zweite Strophe beschreibt die nasse und tropfende Natur, nachdem sich die Regenwolken verzogen haben. Die Blumen öffnen ihre Blüten wieder („*Doch die Veilchen, nass und tropfend, drehn die Zartgesichter schon*") und die Vögel stimmen ihren Gesang erneut an. In der dritten Strophe kehren die dunklen Wolken, wiederum mit Pferden verglichen, zurück und bringen Regen, Schnee und Hagel. Die nächsten beiden Strophen beschreiben die Wirkung dieses Schauers auf die Tiere und Pflanzen: „*Ach, die Amsel hört man nimmer*", die Veilchen jedoch bleiben standhaft und bilden einen blauvioletten Schimmer im weißen Schnee. Der wetterwendische Tag wird durch eine von der Sonne in rosafarbenes Licht getauchte Wolke abgerundet.

Auf den ersten Blick könnte es naheliegen, das Gedicht in sechs Strophen mit höchst unterschiedlichem Reimschema (Kreuzreim, Binnenreim, umarmender Reim, Paarreim) zu unterteilen. Die letzten zwei Zeilen scheinen aber, betrachtet man das Reimschema genauer, zur fünften Strophe zu gehören. Die Vielzahl der von *Britting* gewählten Reimformen und deren Vermischung spiegelt in besonderem Maße das vielseitig wechselnde Wetter wider, das in dem Gedicht beschrieben wird. Durch zahlreiche Alliterationen („*Wieder kommt es hergeritten, Wolkenpferd an Wolkenpferd*"), Anaphern und Wortwiederholungen ist das Gedicht von einer starken Dynamik geprägt, die an das rasche Wechseln von dunklen Wolken und blauem Himmel erinnert.

„Wetterwendischer Tag" ist ein Gedicht, das sehr anschaulich und mit vielen sprachlichen Bildern versehen auf das Wetter bezogene Naturschauspiele beschreibt. Betrachtet man vermeintlich „schlechtes Wetter" mit ganz anderen Augen, so kann sich so manche unentdeckte Schönheit enthüllen.

1. Einstieg

Die Lehrerin/der Lehrer liest einen Wetterbericht vor, in dem sich das *Britting*-Gedicht widerspiegelt:

„Wettervorhersage für unser heutiges Gedicht: *Meist wolkig mit sonnigen Abschnitten, zeitweise Regen vermischt mit Schnee oder Hagel. Mäßiger, in Böen starker Wind aus Nordost."*

Die Lerngruppe äußert Vermutungen über den Verlauf der Stunde und den Inhalt des Gedichtes. Die Besonderheit an dem durch die Vorhersage charakterisierten Tag (rasch wechselndes Wetter) soll herausgestellt werden, um auf die Überschrift „Wetterwendischer Tag" überzuleiten.

2. Textbegegnung

Die Arbeitsbögen → werden verteilt und das Gedicht gelesen. Die Schülerinnen und Schüler erstellen ein Wortgitter, in das sie die Wörter, die die wechselnde Wetterlage besonders gut beschreiben, eintragen.

3. Verarbeitung

Die Begriffe des Wortgitters werden in ein neues, eigenes Gedicht mit dem Titel „Wetterwendischer Tag" eingebaut.

4. Vortragen der Arbeitsergebnisse

Die Schülerinnen und Schüler tragen die verfassten Gedichte (unter besonderer Betonung der Wörter aus dem Wortgitter) vor, welche im Plenum besprochen werden.

4.2 Regen, Sturm und Sonnenschein

Wetterwendischer Tag

Wolken sind herangeglitten
Und ein Regen ist gestürzt.
Wolken sind davon geritten
Und das Feld dampft frisch gewürzt.

Zwar, das dauert noch ein Weilchen,
Doch die Veilchen, nass und tropfend,
Drehn die Zartgesichter schon,
Und die Amsel probt den Ton.

Wieder kommt es hergeritten,
Wolkenpferd, an Wolkenpferd,
Schwarze Regenmähne schwingend,
Schnee und weißen Hagel bringend,
Der jetzt stäubend niederfährt.

Ach die Amsel hört man nimmer,
Schnell verscheuchtes Frauenzimmer,
Das der Schneehieb gleich vertrieb.
Doch ein süßer blauer Schimmer

Noch das raue Weiß durchsprüht:
Der kommt von dem Veilchenvolke,
Das auf seinem Platze blieb
Und zu glänzen sich bemüht.

Oben eine rosa Wolke
Wie zerschmelzend glüht.

(Georg Britting)

Wortgitter:		
Wolken		
		Hagel

Wetterwendischer Tag

_____

_____

_____

_____

_____

_____

_____

_____

_____

_____

_____

 Unterstreiche in dem Gedicht 10–20 Wörter, die du am wichtigsten findest! Diese Wörter trägst du in das Wortgitter rechts neben dem Gedicht ein. Schreibe nun ein eigenes Gedicht und benutze darin die Wörter aus dem Wortgitter!

4.3 Fantasie und Abenteuer

Joseph Freiherr von Eichendorff
Lebensdaten: 1788–1857
Zur Person: Eichendorff wird häufig als der volkstümlichste und liedreichste deutsche Romantiker bezeichnet. In vielen seiner Gedichte finden sich Anspielungen auf den mythischen Weltgrund.

„Frische Fahrt"

Die Sehnsucht nach der Ferne, nach dem Leben, die ein bedeutendes Motiv der romantischen Dichtung darstellt, ist auch in diesem Gedicht das Grundmotiv. In der ersten Strophe beschreibt *Eichendorff* mit beschwingten und eindringlichen Worten, wie er den Frühlingsanfang erlebt. Die Hörner, deren Klang er durch den Wald hindurch vernimmt, symbolisieren die Aufbruchstimmung, von der der Dichter ergriffen ist. Das Leben, dem sich das lyrische Ich hingeben will, wird mit einem wilden Strom verglichen, der immer weiter anschwillt und den Menschen mit sich nimmt: „*Und das Wirren bunt und bunter wird ein magisch wilder Fluss, in die schöne Welt hinunter lockt dich dieses Stromes Gruß.*" Die zweite Strophe beschreibt, wie sich der Dichter auf diese Verlockung einlässt, er will sich nicht bewahren und begibt sich auf eine wilde „*selig blinde*" Fahrt, die nicht ganz ungefährlich ist, was durch die lockenden Stimmen (Parallele zu den Sirenen) angedeutet wird. Das Gedicht beschließt *Eichendorff* mit einer dynamisch wirkenden Bekräftigung („*fahre zu! Ich mag nicht fragen, wo die Fahrt zu Ende geht!*"), die zum Ausdruck bringt, dass er sich durch nichts abhalten lassen wird, diese Fahrt fortzusetzen. Das Gedicht setzt sich aus zwei achtzeiligen durch Kreuzreime und Jamben geprägte Strophen zusammen. Das Versmaß spiegelt die dynamisch beschwingte Stimmung des Gedichtes wieder, unterstrichen wird diese Atmosphäre zusätzlich von Alliterationen und Wortwiederholungen „*Laue Luft*"; „*Frühling, Frühling*"; „*bunt und bunter*". Die hohe Bildhaftigkeit des Gedichtes wird vor allem durch die Verwendung vieler Adjektive bewirkt.

Hell klingende Vokale und der lebendige Rhythmus schaffen eine Motivation zum vortragenden Lesen. Die euphorische Lebensbejahung des Dichters ist durch das Gedicht besonders gut zu vermitteln.

1. Hinführung
Die Lehrerin/der Lehrer liest das Gedicht gestaltend und unter besonderer Beachtung der Betonungen und des Rhythmus vor.

2. Erarbeitung
Das Gedicht wird inhaltlich kurz besprochen; dann wird folgender Satzanfang als Denkanstoß an die Tafel geschrieben:

„*Beim Vortragen eines Gedichtes achte ich darauf, dass ...*"

Die Schülerinnen und Schüler suchen passende Ergänzungen, z. B.:

... *ich deutlich spreche*
... *ich nicht zu schnell spreche*
... *ich im Rhythmus des Gedichts bleibe*
... *ich die Betonungen beachte*
... *ich Pausen mache*

Anschließend werden die Arbeitsbögen → verteilt und die Schülerinnen und Schüler übernehmen das Erarbeitete.

3. Informationsverarbeitung
Ausgehend von den aufgestellten Regeln wird das Gedicht mit Notizen versehen (siehe Legende), die das spätere Vortragen vorbereiten sollen.

4. Integration des Gelernten
Unter Berücksichtigung ihrer Notizen tragen die Schülerinnen und Schüler das Gedicht gestaltend vor. Die Zuhörer fungieren als „Jury" und üben konstruktive Kritik.

4.3 Fantasie und Abenteuer

Frische Fahrt

Laue Luft kommt blau geflossen,
Frühling, Frühling soll es sein!
Waldwärts Hörnerklang geschossen,
mutger Augen lichter Schein;
und das Wirren bunt und bunter
wird ein magisch wilder Fluss,
in die schöne Welt hinunter
lockt dich dieses Stromes Gruß.

Und ich mag mich nicht bewahren!
Weit von euch treibt mich der Wind,
auf dem Strome will ich fahren,
von dem Glanze selig blind!
Tausend Stimmen lockend schlagen,
hoch Aurora flammend weht,
fahre zu! Ich mag nicht fragen,
wo die Fahrt zu Ende geht!

(Joseph von Eichendorff)
(Aurora ist die Göttin der Morgenröte)

Hinweise für deine Notizen:

/   Betonung

___   wichtiges Wort

⌣   diese Wörter werden beim Lesen zusammengezogen

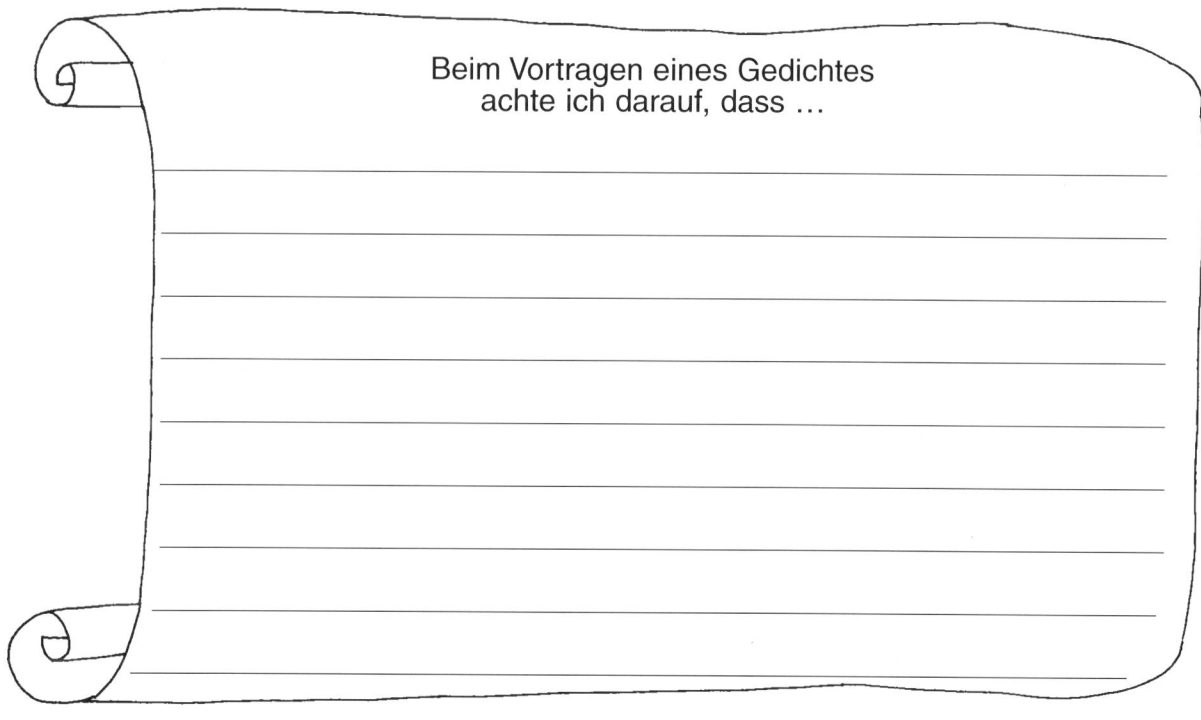

Beim Vortragen eines Gedichtes achte ich darauf, dass …

 Lies das Gedicht laut vor! Achte darauf, dass du deutlich sprichst und dass du zwischen schnell, langsam, laut, leise usw. je nach Inhalt des Gedichtes wechselst!
Als Hilfestellung trägst du die Zeichen, die rechts oben auf dem Arbeitsbogen stehen, in das Gedicht ein.

4.3 Fantasie und Abenteuer

Johann Wolfgang von Goethe
Lebensdaten: 1749–1832
Zur Person: Der bedeutendste Dichter des deutschen Sprachraumes, der die Epochen „Sturm und Drang" und „Klassik" prägte. Bedeutung erlangte er außerdem als Staatsmann und Naturforscher.

„Meeresstille"

In diesem Gedicht werden die Gefühle und Gedanken von Seeleuten aus früherer Zeit widergespiegelt, für die eine Flaute auf hoher See mit Ängsten, Krankheit und Hungersnot verbunden war. Das Herbeisehnen von Wind, Wellengang und Strömungen wird in „Meeresstille" auf bedrückende Art und Weise thematisiert: Die tödliche Ruhe, die über dem Wasser herrscht, wird besonders durch den Versfuß Trochäus getragen („*Tiefe Stille herrscht im Wasser*": /_/_/_/_). Durch das Nichtvorhandensein von Verben in Zeile vier und fünf wird die Starrheit und Ausweglosigkeit der Lage betont, was durch die Adjektive „*bekümmert*", „*tief*", „*fürchterlich*" und „*ungeheuer*" zusätzlich unterstrichen wird.

Das einheitliche Reimschema (Kreuzreim) wird lediglich in Zeile eins und drei durch die Versendungen „*Wasser*" – „*Schiffer*" unterbrochen.

Ein Ziel der Behandlung dieses Gedichtes im Unterricht ist es, die Vorstellungskraft der Schülerinnen und Schüler zu schulen und sie im besonderen Maße auf die Bereiche „Reim" und „Rhythmus" aufmerksam zu machen. Die von *Goethe* beschriebene Situation, die existenzielle Not und Angst des Schiffers, der vom erstarrten Meer umgeben ist, kann besonders mit dem Blick auf klangliche und rhythmische Mittel verdeutlicht werden.

Die Lerngruppe soll weiterhin Überlegungen anstellen, welche Bedeutung zur damaligen Zeit (um 1800) eine solche Flaute für Seeleute bedeutet haben mag, und herausfinden, auf welche Weise *Goethe* deren Gefühle zum Ausdruck bringt.

1. Hinführung

Die Lehrerin/der Lehrer liest einen fiktiven kurzen Text vor, der Aufschluss über die Seefahrt am Ende des 18. Jahrhunderts gibt:

„*Es ist der 3. 6. 1796. Wir haben schon seit Wochen kein Land mehr gesehen. Auf dem Schiff herrschen Hunger und Durst, viele sind verzweifelt. Keiner weiß, wie lange wir überleben werden, da die Gefahr von Krankheiten und Seuchen besteht. Wenn doch nur der Wind zurückkehren würde! Doch das Meer um uns herum ist glatt wie ein Spiegel.*"

2. Textbegegnung

Die Arbeitsbögen → werden ausgeteilt und die Schülerinnen und Schüler lesen das Gedicht. In einem gelenkten Unterrichtsgespräch wird die Situation des Schiffers charakterisiert und erarbeitet, was die Stille des Meeres für die Schifffahrt zu damaliger Zeit bedeutete. Die Ergebnisse werden von der Lerngruppe auf den Arbeitsbogen übernommen und gegebenenfalls vervollständigt.

3. Vertiefung

Nun wird sich der Arbeitsaufgabe in Form von Partnerarbeit zugewandt. Beim übenden Aufsagen sollte darauf geachtet werden, dass nicht zu laut gesprochen wird, um andere nicht zu stören.

4. Vortragen des Gelernten

Unter Beachtung der Betonungen und des Rhythmus wird das Gedicht auswendig vorgetragen; dabei wird der Stil des Vortragenden vom Plenum beurteilt.

4.3 Fantasie und Abenteuer

Meeresstille

Tiefe Stille herrscht im Wasser,
Ohne Regung ruht das Meer,
Und bekümmert sieht der Schiffer
Glatte Fläche rings umher.
Keine Luft von keiner Seite!
Todesstille fürchterlich!
In der ungeheuern Weite
Reget keine Welle sich.

(Johann Wolfgang von Goethe)

Hinweise für deine Notizen:

/   Betonung

___   wichtiges Wort

‿   diese Wörter werden beim Lesen zusammengezogen

Eine „**Meeresstille**" bedeutete für die Seefahrer um 1800 …

_____
_____
_____
_____
_____
_____
_____
_____

 Lerne das Gedicht auswendig! Beachte dabei Folgendes:
– Unterstreiche die Reimwörter am Ende eines Verses!
– Kennzeichne Betonungen und wichtige Wörter!
– Arbeite gegebenenfalls mit einem Partner!

4.3 Fantasie und Abenteuer

„Glückliche Fahrt"

Als die glückliche Wendung des Schicksals im Hinblick auf die Situation in „Meeresstille" kann dieses ebenfalls aus *Goethes* Feder stammende Gedicht angesehen werden.

Allein das Versmaß (auftaktiger Daktylus) verleiht dem lyrischen Text eine beschwingte Tonart: *„Die Nebel zerreißen, der Himmel wird helle"* (_/_ _/_ , _ /_ _/_). Die einzelnen Gedichtzeilen drängen sich dicht aneinander, die rasche Fahrt des Schiffes widerspiegelnd. Auch die Ausrufe *„Geschwinde! Geschwinde!"* drücken den aufkeimenden Lebensmut und vor allem die wiedergewonnene Hoffnung des Schiffers aus, welche im letzten Vers (*„Schon seh ich das Land!"*) ihre Bestätigung finden.

Das Gedicht „Glückliche Fahrt" gibt den Schülerinnen und Schülern die Gelegenheit, die Freude und Erleichterung des Seemannes nachzuempfinden, der aus der großen Flaute und somit dem Tod entrinnen konnte. Besonders vor dem Hintergrund des *Goethe*-Gedichtes „Meeresstille" wird die Lerngruppe nachvollziehen können, welche Gefühle und Gedanken die Schiffsbesatzung bei aufkommendem Wind gehabt haben mochte. Der Mythos der abenteuerlichen Seefahrt, den die Schülerinnen und Schüler beispielsweise aus Filmen und Büchern kennen, findet sich auch in diesem Gedicht wieder, wodurch sich ein Bezug zur Erfahrungswelt der Jugendlichen herstellen ließe.

Nähere Erläuterungen und einen weiteren Unterrichtsvorschlag zum *Goethe*-Gedicht „Meeresstille" finden Sie auf Seite 38.

1. Einstieg

Die Gedichte „Meeresstille" und „Glückliche Fahrt" werden in dieser Reihenfolge nebeneinander auf Plakaten an die Tafel gehängt und von der Lehrerin/dem Lehrer vorgelesen. Die Lerngruppe soll beide Gedichte auf sich wirken lassen.

2. Erarbeitung

Die Schülerinnen und Schüler finden heraus, dass zwischen den Gedichten eine enge Verbindung besteht (im Sinne von „vorher – nachher"). In einem gelenkten Unterrichtsgespräch werden einige Charakteristika beider Gedichte erarbeitet: Die Situation des Seemannes im ersten Gedicht und im Unterschied dazu die gelöste Lage im zweiten Text. Die herausgefundenen Charakteristika beider Gedichte werden in eine von der Lehrerin/dem Lehrer an die Tafel gezeichnete Tabelle eingetragen:

Meeresstille	Glückliche Fahrt
tiefe Stille	Nebel zerreißen
ohne Regung	Himmel ist helle
bekümmert	Äolus
Angst, Sorge	Freude, Hoffnung
glatte Fläche	es säuseln Winde
Todesstille	Welle teilt sich
Starre	es naht die Ferne
ungeheure Weite	Land in Sicht!
...	...

3. Anwendungsmöglichkeit

Die Lerngruppe bearbeitet die Aufgabe und vervollständigt die Tabelle. Neben den Begriffen aus dem Gedicht und Beschreibungen über deren Inhalte werden auch persönliche Deutungen der Schülerinnen und Schüler aufgenommen, um einen möglichst engen Bezug zwischen Leser und Gedicht zu gewährleisten.

4. Zusammenfassen der Ergebnisse

Die Tabelle an der Tafel wird um neu gefundene Begriffe und Sätze ergänzt, auch die Lerngruppe vervollständigt die Tabellen. Ausgehend von der tabellarischen Gegenüberstellung beider Gedichte kann als Hausaufgabe ein ausführlicher schriftlicher Gedichtvergleich (der die Bereiche Aufbau, Reimschema, sprachliche Mittel usw. einschließt) angefertigt werden, wozu sich die beiden vorgestellten Gedichte *Goethes* in besonderem Maße eignen.

4.3 Fantasie und Abenteuer

Meeresstille

Tiefe Stille herrscht im Wasser,
Ohne Regung ruht das Meer,
Und bekümmert sieht der Schiffer
Glatte Fläche rings umher.
Keine Luft von keiner Seite!
Todesstille fürchterlich!
In der ungeheuren Weite
Reget keine Welle sich.

(Johann Wolfgang von Goethe)

Glückliche Fahrt

Die Nebel zerreißen,
Der Himmel ist helle,
Und Äolus löset
Das ängstliche Band.
Es säuseln die Winde,
Es rührt sich der Schiffer.
Geschwinde! Geschwinde!
Es teilt sich die Welle,
Es naht sich die Ferne;
Schon seh ich das Land!

(Johann Wolfgang von Goethe)
(Äolus: griechischer Windgott)

Meeresstille	Glückliche Fahrt

 Lies dir beide Gedichte durch! Trage nun in die Tabelle ein, mit welchen Wörtern oder Sätzen die beiden Dichter die verschiedenen Situationen für den Schiffer beschreiben! Schreibe auch dazu, was dir persönlich zu den Gedichten einfällt!

4.3 Fantasie und Abenteuer

Heinrich Heine
Lebensdaten: 1797–1856
Zur Person: Neben Goethe der im Ausland berühmteste deutsche Dichter, der der revolutionären Schriftsteller-Bewegung „Junges Deutschland" angehörte.

„Meeresstille"

Der Titel des Gedichtes lässt eine inhaltliche Parallele zu Goethes Gedicht „Meeresstille" vermuten, das Gegenteil ist jedoch der Fall. *Heinrich Heine* gelingt mit seiner Interpretation des Phänomens „Meeresstille" ein humorvolles Pendant zum gleichnamigem *Goethe*-Gedicht.

Die Stille über dem Meer ist hier nicht bedrohlich, sondern im Sinne einer friedlichen, idyllischen Atmosphäre zu verstehen. Kein lähmender Stillstand herrscht vor, die Bewegungen erscheinen ruhig, fast in Zeitlupe abzulaufen („*zieht das Schiff die grünen Furchen*"; „*bei dem Steuer liegt der Bootsmann auf dem Bauch und schnarchet leise*"). Die dargestellte Situation auf dem Schiff ist stets mit einem Augenzwinkern zu verstehen, was besonders bei der Beschreibung des Schiffsjungen und der damit verbundenen fast schon banal wirkenden Situation (Diebstahl eines Herings) deutlich wird.

Die sechs Strophen des Gedichtes sind reimlos und lediglich durch Enjambements miteinander verbunden, die ein flüssiges Lese- und Sprechtempo nach sich ziehen, wodurch der Eindruck des langsam gleitenden Schiffes verstärkt wird.

Die beschriebenen Vorgänge erscheinen in nüchterner Weise alltäglich (Schiffsjunge stiehlt Hering, Möwe fängt einen Fisch) und bilden durch den heiteren Vortragston einen gelungenen Kontrast zum *Goethe*-Gedicht, das *Heine* wohl beim Schreiben vor sich gesehen haben mag.

Schülerinnen und Schülern fällt es in diesem Fall leicht, zwischen den Gedichten Parallelen zu ziehen und Unterschiede herauszufinden, außerdem wird sie der humorvolle Unterton *Heines*, der sich in „Meeresstille" besonders zeigt, in hohem Maße ansprechen.

1. Einstieg

Heines „Meeresstille" und das gleichnamige *Goethe*-Gedicht werden auf Plakaten ohne Titel an die Tafel gehängt.

2. Textbegegnung und -bearbeitung

Im Rahmen eines gelenkten Unterrichtsgespräches werden die Gedichte beispielhaft auf Unterschiede und Gemeinsamkeiten hin untersucht. Einige erarbeitete Begriffe werden in eine an die Tafel gezeichnete Tabelle eingetragen. Bezogen auf die Frage nach dem Titel gibt die Lehrerin/der Lehrer folgenden Impuls:
Die Überschrift der Gedichte könnte so lauten: ...
Die Schülerinnen und Schüler äußern Mutmaßungen. Sollte niemand den richtigen Titel nennen, schreibt ihn die Lehrkraft an die Tafel. Anschließend wird eine Diskussion darüber geführt, ob und warum der Titel zu den Gedichten passt, wobei eng am Text gearbeitet werden soll.

3. Vertiefung

Die Schülerinnen und Schüler vervollständigen die Tabelle auf dem Arbeitsbogen → und fügen eigene Deutungen hinzu:

Meeresstille (Heine)	Meeresstille (Goethe)
wogendes Geschmeide	tiefe Stille
grüne Furchen	ohne Regung
schläfrig	traurig

4. Zusammenfassen der Ergebnisse

Die Tabelle an der Tafel wird um neu gefundene Begriffe und Sätze ergänzt, auch die Lerngruppe vervollständigt die Tabellen. Ausgehend von der tabellarischen Gegenüberstellung beider Gedichte kann als Hausaufgabe ein ausführlicher schriftlicher Gedichtvergleich angefertigt werden.

4.3 Fantasie und Abenteuer

Meeresstille

Meeresstille! Ihre Strahlen
wirft die Sonne auf das Wasser,
und im wogenden Geschmeide
zieht das Schiff die grünen Furchen.

Bei dem Steuer liegt der Bootsmann
auf dem Bauch und schnarchet leise.
Bei dem Mastbaum, segelflickend,
kauert der beteerte Schiffsjung.

Hinterm Schmutze seiner Wangen
sprüht es rot, wehmütig zuckt es
um das breite Maul, und schmerzlich
schaun die großen, schönen Augen,

denn der Kapitän steht vor ihm,
tobt und flucht und schilt ihn „Spitzbub!
Spitzbub! Einen Hering hast du
aus der Tonne mir gestohlen!"

Meeresstille! Aus den Wellen
taucht hervor ein kluges Fischlein,
wärmt das Köpfchen in der Sonne,
plätschert lustig mit dem Schwänzchen.

Doch die Möwe, aus den Lüften,
schießt herunter auf das Fischlein,
und den raschen Raub im Schnabel
schwingt sie sich hinauf ins Blaue.

(Heinrich Heine)

Meeresstille

Tiefe Stille herrscht im Wasser,
Ohne Regung ruht das Meer,
Und bekümmert sieht der Schiffer
Glatte Fläche rings umher.
Keine Luft von keiner Seite!
Todesstille fürchterlich!
In der ungeheuren Weite
Reget keine Welle sich.

(Johann Wolfgang von Goethe)

Meeresstille (Heine)	Meeresstille (Goethe)

 Lies dir beide Gedichte durch! Trage nun in die Tabelle ein, mit welchen Wörtern oder Sätzen Goethe und Heine die Situation der Meeresstille beschreiben! Schreibe auch dazu, was dir persönlich zu den Gedichten einfällt!

4.3 Fantasie und Abenteuer

Rainer Maria Rilke
Lebensdaten: 1875–1926
Zur Person: Rainer Maria Rilke gilt nach Goethe als der weltweit am meisten gelesene deutsche Lyriker und ist der neuromantischen Epoche zuzuordnen.

„Das Karussell"

„Das Karussell", eines seiner berühmtesten Ding-Gedichte, schrieb *Rilke* 1906 in Paris. Es bezieht sich auf ein Karussell, das zu dieser Zeit im Luxemburgischen Garten stand. *Rilke* versucht, die Welt und das Leben von einem konkreten Gegenstand her zu erschließen, so charakterisiert er das Karussell primär als eine Sache, die eine ständige und immer wiederkehrende Drehbewegung innehat. Dieses Kreisen wird besonders durch die wiederholt auftretende Verszeile *„Und dann und wann ein weißer Elefant"* zum Ausdruck gebracht. Das Karussell symbolisiert das Leben im Allgemeinen, die Kindheit (*„Das Land, das lange zögert, eh es untergeht"*) im Besonderen. So sind auch Elemente kindlicher Fantasie, die sich auf dem Karussell drehen, vertreten: Ein böser roter Löwe, ein Hirsch mit Sattel, ein weißer Elefant und Pferde. Je weiter das Gedicht voranschreitet, desto schneller scheint sich auch das Karussell zu drehen, Farben fliegen als Impressionen vorüber, alles wird bis zur Atemlosigkeit gesteigert: *„Und manches Mal ein Lächeln, hergewendet, ein seliges, das blendet und verschwendet an dieses atemlose blinde Spiel ..."* Den Leser des Gedichtes, der das bunte Treiben nur beobachtet, beschleicht trotz der farbenfrohen Kulisse ein Gefühl der Melancholie, da ihm gerade durch den Kontrast zur ziellos unbeschwerten Kinderwelt das Vergängliche um so deutlicher ins Bewusstsein gerufen wird.

Das jambische Versmaß, die Alliterationen (*„dann und wann ein weißer"*) und die Verben der Dynamik (*„drehen"*, *„reiten"*, *„gehen"*) lassen das Bild des sich drehenden Karussells entstehen und harmonieren mit dem Inhalt des Gedichtes.

„Das Karussell" lässt sich von verschiedenen Verständnisebenen aus erschließen. Die erste Ebene wäre die Betrachtung des Karussells mit seiner Drehbewegung, die Farben, Formen. Die zweite Ebene, der indirekte Vergleich des Karussells mit der Kindheit, lässt sich im Unterricht bei Bedarf vertiefend anschließen.

1. Einstimmung/Impuls
Über den Overheadprojektor wird das Bild eines Karussells gezeigt:

2. Erarbeitung
Die Arbeitsbögen → werden verteilt und das Gedicht wird gemeinsam gelesen. Im Hinblick auf Besonderheiten und Auffälligkeiten wird kurz über das Gedicht gesprochen. Die Schülerinnen und Schüler bearbeiten nun die Aufgabe und erstellen ein Wortgitter.

3. Anwendung
Es wird ein neues eigenes Gedicht mit dem Titel „Das Karussell" geschrieben, in das die Begriffe des Wortgitters eingebaut werden sollen.

4. Vortragen der Arbeitsergebnisse
Die Schülerinnen und Schüler tragen die verfassten Gedichte unter besonderer Betonung der Wörter aus dem Wortgitter vor. Die Produktionen werden im Plenum besprochen.

4.3 Fantasie und Abenteuer

Das Karussell

Mit einem Dach und seinem Schatten dreht
sich eine kleine Weile der Bestand
von bunten Pferden, alle aus dem Land,
das lange zögert, eh es untergeht.
Zwar manche sind an Wagen angespannt,
doch alle haben Mut in ihren Mienen;
ein böser roter Löwe geht mit ihnen
und dann und wann ein weißer Elefant.

Sogar ein Hirsch ist da ganz wie im Wald,
nur dass er einen Sattel trägt und drüber
ein kleines blaues Mädchen aufgeschnallt.

Und auf dem Löwen reitet weiß ein Junge
und hält sich mit der kleinen heißen Hand,
dieweil der Löwe Zähne zeigt und Zunge.

Und dann und wann ein weißer Elefant.

Und auf den Pferden kommen sie vorüber,
auch Mädchen, helle, diesem Pferdesprunge
fast schon entwachsen; mitten in dem Schwunge
schauen sie auf, irgendwohin, herüber –

Und dann und wann ein weißer Elefant.

Und das geht hin und eilt sich, dass es endet,
und kreist und dreht sich nur und hat kein Ziel.
Ein Rot, ein Grün, ein Grau vorbeigesendet,
ein kleines kaum begonnenes Profil.
Und manches Mal ein Lächeln, hergewendet,
ein seliges, das blendet und verschwendet
an dieses atemlose blinde Spiel ...

(Rainer Maria Rilke)

Wortgitter:

	Löwe		

Das Karussell

_____

_____

_____

_____

_____

_____

_____

 Unterstreiche in dem Gedicht die Wörter, die du am wichtigsten findest! Diese trägst du in das Wortgitter ein. Schreibe nun ein eigenes Gedicht und benutze darin die Wörter aus dem Wortgitter!

4.3 Fantasie und Abenteuer

Theodor Storm
Lebensdaten: 1817–1888
Zur Person: Bedeutender Dichter des Realismus, seine Werke sind stark mit der eigenen Heimat und Biografie verwurzelt.

„Meeresstrand"

Theodor Storm widmet dieses Gedicht seiner Heimat – der Landschaft Nordfrieslands, dem Wattenmeer. Das sprachliche Bild, das der Dichter von diesem einzigartigen Landstrich zeichnet, wirkt, als stünde es ohne Anfang und Ende da. Es ist von einem geheimnisvollen, unantastbaren Leben erfüllt, was dazu führt, dass sich der Mensch lediglich als ein außenstehender Beobachter vorfindet. Die beschriebenen Vorgänge am Meeresstrand scheinen unbestimmt im Seenebel zu verschwinden, auch die Tierwelt ist nur schemenhaft zu erkennen („*graues Geflügel huschet*"). An einigen Stellen deutet *Storm* in Symbolen mystische und paranormale Phänomene an („*Ich höre des gärenden Schlammes geheimnisvollen Ton*"; „*Vernehmlich werden die Stimmen, die über der Tiefe sind*"). Die beiden Schlussverse wirken beinahe unheimlich.

Der Rhythmus, durch den der schwebende Zustand besonders ausgedrückt wird, ist charakterisiert durch ein ständiges An- und Abschwellen und durch Verschiebungen in den Betonungen. In den vier Strophen reimen sich jeweils nur die zweite und vierte Verszeile, was ebenfalls zu einer formalen Offenheit beiträgt.

Das Sich-Befassen mit diesem *Storm*-Gedicht ist keinesfalls nur für Schülerinnen und Schüler reizvoll, die das Wattenmeer aus eigener Anschauung und Erfahrung kennen. Die Naturbeschreibung wird auch jene beeindrucken, für die diese Landschaft unbekannt ist. Durch seine inhaltliche Offenheit bietet das Gedicht viele Anknüpfungspunkte für die produktive Auseinandersetzung im Lyrikunterricht. Besonders reizvoll wäre es natürlich, dieses Gedicht auf einem Ausflug oder einer Klassenfahrt „vor Ort", am Wattenmeer, einzusetzen.

1. Einstimmung

Fotos oder Bilder, die das Wattenmeer zeigen, werden der Klasse präsentiert. Die Lerngruppe äußert sich zu dem Bildmaterial, das der Landschaft „Wattenmeer" zugeordnet wird.

2. Textbegegnung

Nachdem die Arbeitsbögen verteilt wurden, wird das Gedicht laut vorgelesen. Die Schülerinnen und Schüler äußern Assoziationen und gegebenenfalls Fragen. Anschließend liest die Lehrkraft nochmals laut vor, wobei besonders die naturmagische Stimmung des Gedichtes herausgestellt werden soll. Zu diesem Zweck werden einige Textstellen („*graues Geflügel huschet*"; „*Ich höre des gärenden Schlammes geheimnisvollen Ton*") markiert und intensiver beleuchtet. Vor allem der offene Schluss („*Vernehmlich werden die Stimmen, die über der Tiefe sind*") wird in den Mittelpunkt des Interesses gerückt, es soll überlegt werden, wie das Gedicht weitergehen könnte.

3. Vertiefung

Das Gedicht wird nun unter Einhaltung des Bauprinzips (wenn möglich) fortgeführt. Dabei sollte man sich auf zwei weitere Strophen beschränken, das Storm-Gedicht dient als formale Vorlage.

4. Vortragen der Ergebnisse

Die Lerngruppe trägt die Gedichte mit dem neuen Schluss vor, diese werden im Plenum besprochen und diskutiert.

4.3 Fantasie und Abenteuer

Meeresstrand

Ans Haff nun fliegt die Möwe,
Und Dämmrung bricht herein;
Über die feuchten Watten
Spiegelt der Abendschein.

Graues Geflügel huschet
Neben dem Wasser her;
Wie Träume liegen die Inseln
Im Nebel auf dem Meer.

Ich höre des gärenden Schlammes
Geheimnisvollen Ton,
Einsames Vogelrufen –
So war es immer schon.

Noch einmal schauert leise
Und schweiget dann der Wind;
Vernehmlich werden die Stimmen,
Die über der Tiefe sind.

(Theodor Storm)

Wörtersammlung

Wie könnte das Gedicht weitergehen? Schreibe für das Gedicht einen neuen Schluss! Versuche, das Bauprinzip (Verszeilen, Strophen …) des Gedichtes einzuhalten! In dem leeren Kreis kannst du eine Wörtersammlung anlegen, die dir beim Schreiben hilft.

4.4 Menschen

Achim von Arnim
Lebensdaten: 1781–1831
Zur Person: Mitherausgeber der Volksliedsammlung „Des Knaben Wunderhorn"; wichtiger Vertreter der romantischen Bewegung.

„Der Mensch ist bald vergessen"

Das Gedicht „Der Mensch ist bald vergessen" thematisiert den religiösen und weltanschaulichen Grundgedanken, der sich in der gesamten Menschheitsgeschichte wiederfindet: die Stellung des Menschen im Universum, in der Unendlichkeit. In den ersten Strophen charakterisiert Achim von Arnim den Menschen: „*Der Mensch ist bald vergessen, der Mensch vergisst so bald, der Mensch hat nichts besessen, er sterb jung oder alt.*" Das menschliche Individuum mit all seinen Schwächen scheint allein dazustehen. Nun erwähnt aber die zweite Strophe, was ihm Halt und Hoffnung gibt („*Nur Gott vergisst uns nicht*"), das religiöse Motiv des Aufgefangenwerdens durch Gott löst das Gefühl des Alleinseins der ersten Strophe ab. Die dritte Strophe führt den Gedanken der zweiten weiter („*Sein Hauch, der uns durchwehte, tat unserem Herzen Not.*"): Der Mensch wäre ohne Gott verloren und schätzt sich glücklich mit Gottes Fürsorge und Segen.

Das dreistrophige Gedicht besitzt einen klaren Satzbau und ein durchgehend kreuzweises Reimschema. Die Anaphern in der ersten Strophe („*Der Mensch ist bald vergessen, der Mensch vergisst so bald*") tragen zusätzlich zur Klarheit und Transparenz des Gedichtes bei. Die Sätze sind kurz und voller elementarer Begriffe („Mensch", „Herz", „Gott", „Gebete", „Tod").

Der Stoff dieses Gedichtes, grundsätzliche Menschheitsfragen, birgt zahlreiche philosphische und religiöse Ansichten und scheint im Hinblick auf die unterrichtliche Behandlung schwierig zu sein. Für den Umgang mit diesem Gedicht sprechen jedoch zwei Argumente: Erstens ist es durch seinen klaren Satzbau gut verständlich und zweitens sollten religiöse und philosophische Themen gerade im Jugendalter im Unterricht aufgearbeitet werden.

1. Einstieg
Der Name des Dichters wird an die Tafel geschrieben und unterstrichen.

2. Informationen zum Dichter
Es erfolgt eine Sammlung der Vorkenntnisse über *Achim von Arnim*. Ist dieser der Klasse unbekannt, gibt die Lehrerin/der Lehrer einige Informationen vor:

Achim von Arnim
– 1781–1831
– Romantiker
– Mitherausgeber der Volksliedsammlung „Des Knaben Wunderhorn"
– Eines seiner Gedichte ist

„Der Mensch ist bald vergessen".

3. Auseinandersetzung mit dem Gedicht
Die Arbeitsbögen → werden verteilt und das Gedicht laut vorgelesen. In einem gelenkten Unterrichtsgespräch wird die Hauptaussage des Gedichtes („Aufgefangenwerden") erarbeitet.

Die Schülerinnen und Schüler schreiben nun einen Brief an den Dichter, schätzen das Gedicht ein, üben Kritik und stellen Fragen. Die Briefe werden in Umschläge gesteckt und der Lehrkraft gegeben.

4. Auswertung
Im Sitzkreis werden die Briefe gemischt, neu verteilt und vorgelesen. Es ist denkbar, dass sich der Vorlesende in die Rolle Arnims versetzt und auf die Briefe antwortet.

48

4.4 Menschen

Der Mensch ist bald vergessen

Der Mensch ist bald vergessen,
Der Mensch vergisst so bald,
Der Mensch hat nichts besessen,
Er sterb jung oder alt.

Der Mensch ist bald vergessen,
Nur Gott vergisst uns nicht,
Hat unser Herz ermessen,
Wenn es in Schmerzen bricht.

Wir steigen im Gebete
Zu ihm wie aus dem Tod,
Sein Hauch, der uns durchwehte,
Tat unserem Herzen Not.

(Achim von Arnim)

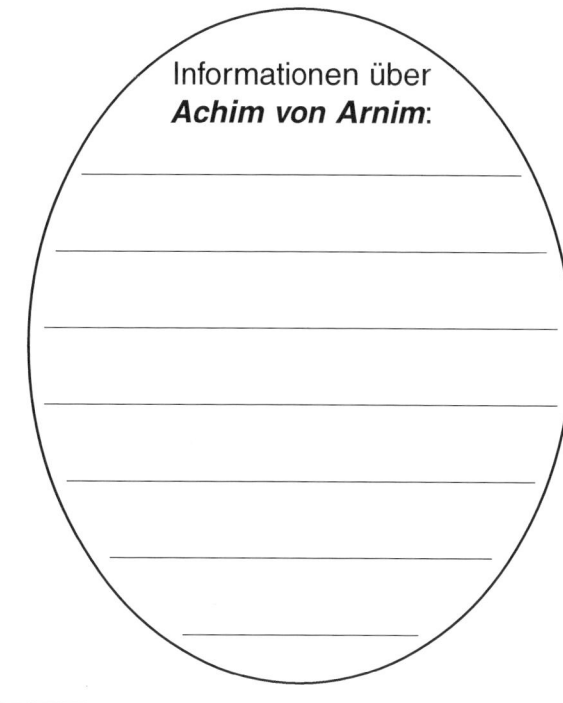

Informationen über **Achim von Arnim**:

Sehr geehrter Herr Achim von Arnim,

Schreibe einen Brief an den Autor des Gedichtes, in dem du ihm erzählst, was dir an dem Gedicht gefällt und was nicht, und ihm Fragen stellst!

4.4 Menschen

„August"

Die Überschrift des Gedichtes (der Untertitel lautet: „Inserat") legt nahe, Jahreszeitenlyrik zu erwarten, doch *Storm* (vgl. auch S. 46) lässt den Rezipienten an einer Situation ganz besonderer Art teilhaben. Das Gedicht ist gleichzeitig der Text eines Inserates, vom lyrischen Ich (als Besitzer eines Obst- und Gemüsegartens) in weiser Voraussicht an jugendliche Diebe gerichtet, die sich an seinem Garten zu schaffen gemacht haben. *Storm* verfasste das Gedicht in einem auffällig höflichen Ton: *„Die verehrlichen Jungen [...] ersuche ich höflichst [...] womöglich insoweit sich zu beschränken"*. Voller Ironie legt der Dichter den Schwerpunkt seines „Inserates" nicht auf das Ärgernis, das ihm durch das gestohlene Obst bereitet wurde, sondern auf die Schadensbegrenzung (*„Dass sie daneben auf den Beeten mir die Wurzeln und Erbsen nicht zertreten."*).

Das sechszeilige Gedicht ist in den ersten vier Verszeilen kreuzweise gereimt, wobei der erste Reim unrein ist („heuer" – „gedenken" – „Vergnügen" – „beschränken"), die letzten beiden Verse verbindet ein Paarreim. Der Dichter bringt in klaren schmucklosen Worten und voller Ironie sein Anliegen vor, die Pointe des Gedichtes liegt dabei auf den beiden letzten Verszeilen, die sich auf das höflichst erbetene Verschonen des Gemüses beziehen.

Der auffällig freundliche Ton des Gedichtes scheint nicht zu der beschriebenen Situation zu passen und bietet insofern einen didaktischen Zugriff, als die Schülerinnen und Schüler Überlegungen anstellen könnten, welche Worte und Ausdrücke aus ihrer Sicht eher angebracht wären. Das Thema „mein und dein" im Hinblick auf eigenen und fremden Besitz ist besonders im Jugendalter ein aktuelles Thema und lässt sich hier aufgreifen, das rhetorische Mittel der Ironie sollte ebenfalls im Unterricht thematisiert werden.

1. Einstimmung

Die Lehrerin/der Lehrer betritt den Klassenraum mit einem Korb voller Äpfel und Birnen, sie/er leitet die Stunde mit folgendem Satz ein: *„Dieses Obst habe ich gestern Abend in einem Garten gepflückt!"*

Die Frage *„In welchem Garten? In einem fremden?"* soll dadurch aufgeworfen werden. Die Lehrkraft betont, dass sie die Äpfel und Birnen aus ihrem eigenen Garten (bzw. gekauft) habe, deutet aber an, dass es auch andere Fälle gäbe …

2. Textbegegnung

Daraufhin werden die Gedichtbögen → verteilt und das Gedicht vorgelesen. In einem gelenkten Unterrichtsgespräch werden die beiden Parteien (Gartenbesitzer und Jungen) näher beleuchtet und charakterisiert. Auch der höflich-ironische Ton wird angesprochen und anhand von Textstellen belegt.

3. Anwendung

Die Schülerinnen und Schüler bearbeiten die Aufgabe und dialogisieren das Gedicht. Nach dem Unterstreichen der beteiligten Personen werden in Dialogform mögliche Aussagen und die Gedanken zu Papier gebracht.

4. Darstellung der Arbeitsergebnisse

Die Klasse verteilt sich auf Gruppen zu je drei bis vier Personen. Das Gedicht wird von den Gruppen szenisch dargestellt (eine Person spielt den Gartenbesitzer, die anderen die Diebe), wobei neben der Sprache auch auf die Bereiche Gestik und Mimik geachtet werden soll. Die mitgebrachten Äpfel und Birnen werden in das Spiel mit einbezogen und hinterher gemeinsam gegessen.

4.4 Menschen

August

Inserat
Die verehrlichen Jungen, welche heuer
Meine Äpfel und Birnen zu stehlen gedenken,
Ersuche ich höflichst, bei diesem Vergnügen
Womöglich insoweit sich zu beschränken,
Dass sie daneben auf den Beeten
Mir die Wurzeln und Erbsen nicht zertreten.

(Theodor Storm)

Gartenbesitzer: _____

_____

Jungen: _____

_____

Gartenbesitzer: _____

_____

Jungen: _____

_____

Gartenbesitzer: _____

_____

Jungen: _____

_____

Gartenbesitzer: _____

_____

Jungen: _____

 Der Gartenbesitzer und die Jungen sind in diesem Gedicht gegensätzliche Parteien. Überlege nun, was sie sagen könnten, und schreibe es in Dialogform auf! Zusätzlich kannst du auch ihre Gedanken in Klammern hinzufügen.

4.5 Tiere und Pflanzen

Bertolt Brecht
Lebensdaten: 1898–1956
Zur Person: Brecht zählt zu den bedeutendsten Dramatikern und Lyrikern des 20. Jahrhunderts. In diesem Zusammenhang ist besonders der Einfluss seiner politischen Dichtung bemerkenswert.

„Der Pflaumenbaum"
Brecht beschreibt einen Pflaumenbaum, der durch seinen ungünstigen Standort in einem dunklen Hof nur von sehr spärlichem Wuchs und ohne jegliche Frucht ist und so Anlass zu Zweifeln an seiner „Identität" als Pflaumenbaum gibt. Es scheint, als stelle *Brecht* sich vor diesen Baum, um ihn vor hämischen Blicken und Bemerkungen der Beobachter zu schützen. Weiterhin gesteht er ihm ein Gitter zu, dass ihn umgibt, „*so tritt ihn keiner um*". In den beiden letzten Versen macht Brecht dem Leser deutlich, nicht aufgrund der geringen Größe und der Tatsache, dass keine Pflaumen vorhanden sind, vorschnell über diesen Baum zu urteilen, sondern sich näher mit diesem Geschöpf zu beschäftigen. Dabei wird offensichtlich, dass er selbst dieses schon längst getan hat: „*Doch er ist ein Pflaumenbaum, man erkennt es an dem Blatt.*"

Das 1934 entstandene naturlyrische Gedicht besteht aus drei Strophen, die erste und zweite Strophe sind geprägt durch je zwei Paarreime, von denen der erste jeweils mehr Umfang als der zweite aufweist. Die dritte Strophe ist, charakterisiert durch einen Kreuzreim, von den anderen abgehoben.

In diesem Gedicht gibt *Bertolt Brecht* die Anregung, sich genau mit seiner Umwelt auseinanderzusetzen. Die beschriebene Situation des Pflaumenbaumes, der nie eine Pflaume trägt, da ihm Licht fehlt, lässt sich ohne Weiteres auf oberflächliche Beziehungen zwischen Menschen übertragen. An die Schülerinnen und Schüler kann durch das Gedicht gleichzeitig die unausgesprochene Aufforderung herangetragen werden, rücksichtsvoll mit ihrer Umwelt umzugehen. Ansatzpunkt dazu bietet die Verszeile „*Er hat ein Gitter drum, so tritt ihn keiner um.*"

1. Einstimmung
Gut sichtbar wird das Bild eines Pflaumenbaumes in Form eines Fotos oder eines gemalten Bildes präsentiert.

2. Textbegegnung
Die Arbeitsbögen → werden verteilt und das Gedicht wird einmal still, danach laut vorgelesen. Die Situation des Pflaumenbaumes und die Darstellung durch den Dichter wird im Unterrichtsgespräch eingehend erarbeitet. Dabei soll besonders auf *Brechts* detaillierte Beschreibungen eingegangen werden (anhand von Textbelegen: „*im Hofe*"; „*klein*"; „*hat ein Gitter*"; „*zu wenig Sonn*"; „*nie eine Pflaume*"; „*doch es ist ein Pflaumenbaum*").

3. Vertiefender Umgang mit dem Gedicht
Die Schülerinnen und Schüler fassen die zuvor erarbeiteten Charakteristika des Baumes zusammen und tragen sie auf dem Arbeitsbogen ein. Der Arbeitsaufgabe wird sich in Partnerarbeit zugewandt, der Zuhörende übt konstruktive Kritik. Die Lerngruppe sollte darauf hingewiesen werden, dass zu lautes Üben die Mitschülerinnen und -schüler stören kann.

4. Vortragen des Gelernten
Die Bereiche „Betonung" und „Rhythmus" beachtend tragen die Jugendlichen die Gedichte auswendig vor. Der Partner/die Partnerin aus der Übungsphase kann dabei als Souffleuse/Souffleur eine Hilfestellung geben. Das Plenum dient als Publikum und beurteilt den Stil des Vortrags.

4.5 Tiere und Pflanzen

Der Pflaumenbaum

Im Hofe steht ein Pflaumenbaum,
Der ist klein, man glaubt es kaum.
Er hat ein Gitter drum,
So tritt ihn keiner um.

Der Kleine kann nicht größer wer'n
Ja, größer wer'n, das möcht er gern,
Es ist keine Red davon,
Er hat zu wenig Sonn.

Den Pflaumenbaum glaubt man ihm kaum,
Weil er nie eine Pflaume hat.
Doch er ist ein Pflaumenbaum,
Man kennt es an dem Blatt.

(Bertolt Brecht)

Hinweise für deine Notizen:

/   Betonung

___   wichtiges Wort

⌣   diese Wörter werden beim Lesen zusammengezogen

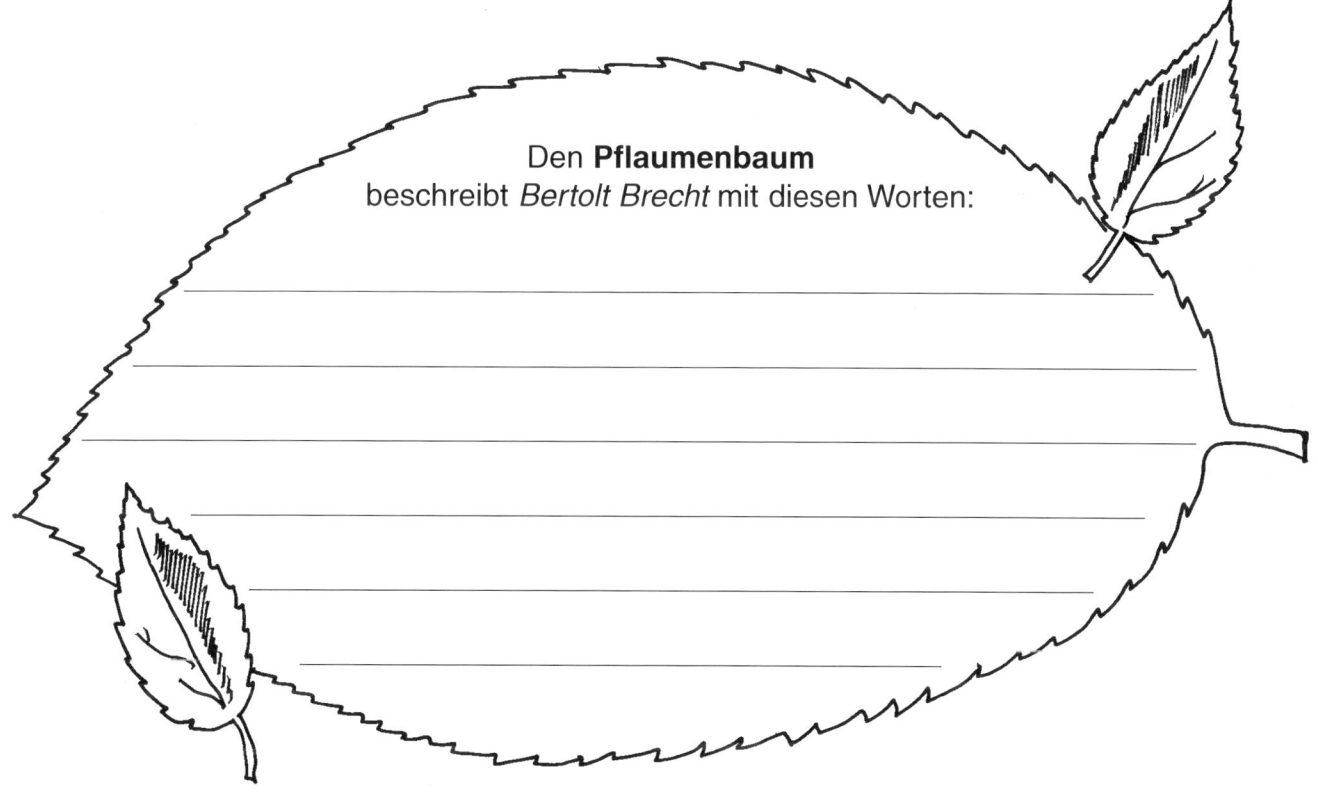

Den **Pflaumenbaum** beschreibt *Bertolt Brecht* mit diesen Worten:

Lerne das Gedicht auswendig! Beachte dabei Folgendes:
– Unterstreiche die Reimwörter am Ende eines Verses!
– Kennzeichne Betonungen und wichtige Wörter!
– Arbeite gegebenenfalls mit einem Partner!

4.5 Tiere und Pflanzen

„Die Sonnenblume"
Georg Britting (vgl. S. 32) beschreibt in diesem Gedicht in knappen, treffenden Worten eine Sonnenblume in einem Garten. Die Sonnenblume wird durch den Vergleich mit einem Löwenhaupt bildlich beschrieben, der Dichter weist anschließend den Rezipienten auf die bestehende Parallele zwischen der Blume und der am Himmel stehenden Sonne hin. Folgt man der äußerlichen Beschreibung, so lässt sich kein Unterschied zwischen der Sonne und der Sonnenblume ausmachen: *„Die Sonne kreist im Blauen, nicht größer als ihr gelbes Rad"*. Betrachtet man jedoch die Tempuswahl in der ersten und im Unterschied dazu in der zweiten Strophe, so wird die bestehende Differenz zwischen Pflanze und Himmelskörper deutlich, denn die Beschreibungen der Blume stehen in der Vergangenheit, die Strophe, die die Sonne näher charakterisiert, allerdings in der Gegenwart. So bildet sich deutlich der Gegensatz zwischen Vergänglichkeit und Beständigkeit heraus. Das relativ kurze Gedicht besteht aus zwei vierzeiligen Strophen, die von einem häufigen Wechsel des Rhythmus und von einer ungewöhnlichen Versform geprägt sind, besonders die Klangform Assonanz wäre zu nennen (*„Die Sonne kreist im Blauen […] Zwischen den grünen Stauden"*). Der besondere Reiz des Gedichtes besteht in der Doppeldeutigkeit des Wortes *„sie"*, mit dem sowohl die Sonne als auch die Sonnenblume gemeint ist und dessen jeweilige Bedeutung erst vom Leser im Kontext erschlossen werden muss.

Brittings Gedicht vermag durch das Thematisieren dieser strahlenden Blume einen optimistischen und positiven Eindruck auf Schülerinnen und Schüler zu machen. Verstärkt wird dieser Effekt durch den direkten Vergleich mit der Sonne, die charakteristisch für Licht und Wärme ist. Die bildkräftige Sprache *Brittings*, geprägt von Farbadjektiven (*„gelb", „blau", „grün", „gold"*), trägt zu einer Anschaulichkeit bei, die ein Einfühlen in die beschriebene Situation erleichtert und Heranwachsenden dabei hilft, Freude an der Natur zu empfinden.

1. Einstieg
Eine mitgebrachte Sonnenblume soll der Lerngruppe den Impuls geben, zu überlegen, woher die Pflanze ihren Namen bekommen haben mag.
Der Vergleich mit dem Himmelskörper „Sonne" wird dabei herausgestellt.

2. Textbegegnung
Die Schülerinnen und Schüler lesen das Gedicht auf dem Arbeitsbogen → still für sich, anschließend wird es laut vorgelesen. Der Vergleich Sonne – Sonnenblume wird anhand von Textstellen erarbeitet. Schwerpunkt ist hier die zweite Strophe, die ein intensives Textverständnis verlangt und daher im Unterrichtsgespräch erarbeitet werden sollte. Als zweiter Schwerpunkt wird die besondere Anschaulichkeit des Gedichtes angesprochen, die Schülerinnen und Schüler suchen dazu die Farbadjektive und unterstreichen diese in der entsprechenden Farbe.

3. Anwendung
Die Lerngruppe wendet sich nun der Arbeitsaufgabe zu. Das Gedicht wird visuell gestaltet, d. h. jedes Wort wird in Form, Farbe und Größe seiner Bedeutung entsprechend neu aufgeschrieben.

4. Vergleich der Ergebnisse
Einige ausgewählte Arbeiten werden an der Tafel aufgehängt und von allen betrachtet, anschließend werden die Arbeitsergebnisse im Sitzkreis besprochen.

4.5 Tiere und Pflanzen

Die Sonnenblume

Über den Gartenzaun schob sie
Ihr gelbes Löwenhaupt.
Zwischen den Bohnen erhob sie
Sich, gold und gelb überstaubt.

Die Sonne kreist im Blauen
Nicht größer als ihr gelbes Rad
Zwischen den grünen Stauden,
Den Bohnen und jungem Salat.

(Georg Britting)

Die Sonnenblume

_____
_____
_____
_____
_____
_____
_____
_____

Schreibe das Gedicht ab und benutze dabei die Schriftgröße, Schriftdicke, Schriftfarbe und Schriftart so, wie es deiner Meinung nach am besten zu den Worten im Gedicht passt!

z. B. **groß**, klein, …

4.5 Tiere und Pflanzen

„Raubritter"

Ein Hecht, der in einem Gewässer auf mögliche Beute lauert, ist der thematische Schwerpunkt dieses Gedichtes. In der ersten Strophe beschreibt *Georg Britting* (vgl. S. 32) mit aussagestarken Vergleichen die Umgebung des Hechtes und sein Aussehen („*mit Kiefern, gewaltig wie Eisenzangen, gestachelt die Flossen: Raubtiergeschlecht*"). Durch die Benennung des Fisches mit „*Raubtiergeschlecht*" nimmt *Britting* Bezug zum ersten Teil der Überschrift („*Raub-*"). Die zweite Strophe beinhaltet den Vergleich zwischen dem Raubfisch und einem Ritter in einer alten Rüstung und ist zugleich die Begründung für den zweiten Teil des zusammengesetzten Wortes „*Raubritter*". Die Strophe schließt mit der Beschreibung des Effektes, den ein Steinwurf in den See auslöst: „*Er ist blitzend davongefahren.*"

Die dritte Strophe beschreibt die Wirkung auf den See und die Pflanzen; die Sumpfdotterblume schaukelt auf den Wasserringen wie das Boot eines Seeräubers. *Georg Britting* vereint in diesem Gedicht die Betrachtung der Natur mit Elementen, die an fantastische Erzählungen erinnern: „*Unholdsaugen*", „*der Herr der Fische und Wasserschlangen*", „*grünspanig von tausend Jahren*", „*Seeräuberboot*", was dazu führt, dass durch das Gedicht viele innere Bilder beim Leser hervorgerufen werden.

Das Gedicht besteht aus drei unterschiedlich lang gestalteten Strophen, von denen die erste mit sechs Zeilen die längste ist (die zweite besteht aus vier, die dritte aus zwei Zeilen). Die erste Strophe folgt dem Reimschema abaaab („umarmender Reim"), wodurch besonders im mittleren Teil ein starker inhaltlicher Zusammenhang bewirkt wird. Die zweite vierzeilige Strophe besteht aus einem Kreuzreim, sie wirkt dadurch in ihrer Gesamtheit sehr geschlossen. Die dritte schließt mit einem Paarreim („*rot*" – „*Boot*"). Der Hecht erscheint vielschichtig und geheimnisvoll, wodurch sich die Vorstellungskraft der Lerngruppe herausfordern und schulen lässt.

1. Hinführung

Die Worte „Hecht" und „Raubritter" werden an die Tafel geschrieben. Es findet eine Ideensammlung statt, die an der Tafel protokolliert wird:

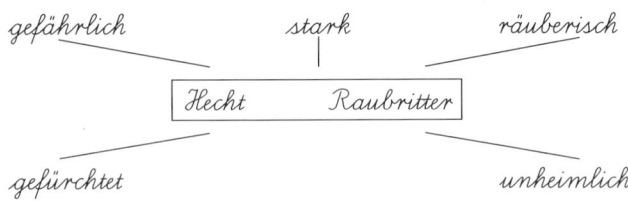

2. Textbegegnung/Erarbeitung

Die Lehrerin/der Lehrer liest das Gedicht vor, die Parallele Hecht – Raubritter wird nun auch anhand des Gedichtes weiter bearbeitet, der Cluster wird vervollständigt. Das Gedicht wird nun auf einer Folie gezeigt, die Lehrkraft liest die zweite Strophe vor und unterstreicht die Reimwörter am Zeilenende. Genauso wird auch mit den beiden Schlusszeilen verfahren. Davon ausgehend sollen die Begriffe Kreuzreim und Paarreim erarbeitet werden. Das Beispiel für einen umarmenden Reim wird mündlich gegeben. Die Namen der drei Reimformen werden an die Tafel geschrieben und die Arbeitsbögen → ausgegeben.

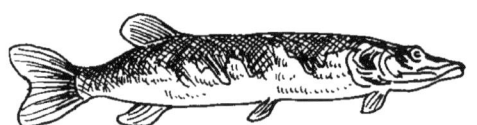

3. Anwendung

Die Wörter am Zeilenende werden eingekreist, zu ihnen weitere Reimwörter gesucht und in die Tabelle eingetragen. Anschließend bilden die Schülerinnen und Schüler mit diesen Wörtern Paar-, Kreuz- und umarmende Reime.

4. Integration des Gelernten

In Form eines Spieles werden Reimketten gebildet, ein Schüler/eine Schülerin gibt ein Wort vor, die anderen müssen möglichst schnell ein passendes Reimwort finden usw.

4.5 Tiere und Pflanzen

Raubritter

Zwischen Kraut und grünen Stangen
jungen Schilfes steht der Hecht,
mit Unholdsaugen im Kopf, dem langen,
der Herr der Fische und Wasserschlangen,
mit Kiefern, gewaltig wie Eisenzangen,
gestachelt die Flossen: Raubtiergeschlecht.

Unbeweglich, uralt, aus Metall,
grünspanig von tausend Jahren.
Ein Steinwurf! Wasserspritzen und Schwall:
Er ist blitzend davongefahren.

Butterblume, Sumpfdotterblume, feurig, gelblich rot,
schaukelt auf den Wasserringen wie ein Seeräuberboot.

(Georg Britting)

Reimwörter:			

Paarreim:	**Kreuzreim:**	**Umarmender Reim:**

Kreise verschiedene Wörter am Ende einer Verszeile ein! Suche nun zu diesen Wörtern möglichst viele Reimwörter, die du in die Tabelle einträgst!
Bilde dann mit den Wörtern **Paarreime, Kreuzreime und umarmende Reime**!

4.5 Tiere und Pflanzen

Friedrich Hölderlin
Lebensdaten: 1770–1843
Zur Person: Neben Goethe und Schiller wichtigster Vertreter der klassischen Dichtung.

„Die Eichbäume"
Hölderlin stimmt in diesem Gedicht einen Lobgesang auf eine Pflanze an, die ihn zutiefst beeindruckt: die Eiche. Die Bäume werden hier (wie in vielen Kulturen seit Jahrtausenden) mit Göttern verglichen (*„wie ein Volk von Titanen"*) und verehrt. Der Dichter spricht die Eichbäume direkt an (*„Aus den Gärten komm ich zu euch, ihr Söhne des Berges!"*). Er charakterisiert sie durch detaillierte Beschreibungen und vergleicht sie mit den Menschen. Die Eigenschaften der Bäume (*„fröhlich und frei"*) werden gepriesen und ihr Leben in Gemeinschaft ruft beim Dichter den Wunsch hervor, es ihnen gleichzutun und zu ihnen zu gehören (*„wie gern würd ich unter euch wohnen"*), woran ihn allerdings Bindungen zur menschlichen Gesellschaft hindern.

Das aus 17 Zeilen bestehende Gedicht ist reimlos, Enjambements bewirken die zwischen den Versen bestehende Verbindung. Diese Bindung wird auf inhaltlicher Ebene durch die enge Aneinanderkettung von beschreibenden Momenten geschaffen.

Das Thema „Bäume", in lyrischen Texten verarbeitet, eignet sich besonders für junge Rezipienten, denn diese Pflanzen sind groß, nicht zu übersehen und befinden sich dazu noch im unmittelbaren Umfeld der Schülerinnen und Schüler. Jede und jeder von ihnen wird über einen bestimmten Baum etwas berichten können. Die Eiche als in Deutschland weit verbreiteter Baum dürfte der Lerngruppe bekannt sein. Beim Umgang mit dem *Hölderlin*-Gedicht kann ein Schwerpunkt sein, über die intensive Naturbeschreibung im Gedicht zu realen Eigenschaften von Bäumen zu gelangen und über allgemeine Werte im umwelt-pädagogischen Sinne zu reflektieren.

1. Hinführung
Mitgebrachtes Eichenlaub und das von der Lehrkraft vorgetragene Gedicht sollen die Schülerinnen und Schüler auf die Gedichtstunde einstimmen.

2. Erarbeitung
Die Arbeitsbögen → werden verteilt und das Gedicht wird noch einmal gemeinsam gelesen. In einem Unterrichtsgespräch erarbeitet die Lerngruppe die Charakteristika der Eichbäume (*„Söhne des Berges"*, *„ihr Herrlichen"*, *„Volk von Titanen"*, *„fröhlich und frei"*, *„mit gewaltigen Armen"*, *„jeder ein Gott"* usw.), die sich im Gedicht finden lassen. Zum Weiterarbeiten gibt die Lehrerin/der Lehrer folgenden Denkanstoß: *„Das Gedicht ist relativ lang, wir wollen es jetzt verkürzen!"* Die Schülerinnen und Schüler überlegen, auf welche Weise dieses geschehen kann, und machen sich ausgehend vom ersten Vers Gedanken, welche Wörter bleiben und welche wegfallen sollen (hier z. B. „Söhne des Berges").

3. Anwendung
Die Schülerinnen und Schüler wenden sich nun der Arbeitsaufgabe zu, unterstreichen 25 Wörter und setzen diese zu einem neuen Gedicht zusammen.

4. Vortragen der Ergebnisse
Die Arbeitsbögen werden vertauscht und die verkürzten Gedichte vorgetragen. Besonders häufig verwendete Wörter werden herausgestellt und diskutiert.

4.5 Tiere und Pflanzen

Die Eichbäume

Aus den Gärten komm ich zu euch, ihr Söhne des Berges!
Aus den Gärten, da lebt die Natur geduldig und häuslich,
Pflegend und wieder gepflegt mit dem fleißigen Menschen zusammen.
Aber ihr, ihr Herrlichen! steht, wie ein Volk von Titanen
In der zahmeren Welt und gehört nur euch und dem Himmel,
Der euch nährt' und erzog, und der Erde, die euch geboren.
Keiner von euch ist noch in die Schule der Menschen gegangen,
Und ihr drängt euch fröhlich und frei, aus der kräftigen Wurzel,
Untereinander herauf und ergreift, wie der Adler die Beute,
Mit gewaltigem Arme den Raum, und gegen die Wolken
Ist euch heiter und groß die sonnige Krone gerichtet.
Eine Welt ist jeder von euch, wie die Sterne des Himmels
Lebt ihr, jeder ein Gott, in freiem Bunde zusammen.
Könnt ich die Knechtschaft nur erdulden, ich neidete nimmer
Diesen Wald und schmiegte mich gern ans gesellige Leben.
Fesselte nur nicht mehr ans gesellige Leben das Herz mich,
Das von Liebe nicht lässt, wie gern würd ich unter euch wohnen!

(Friedrich Hölderlin)

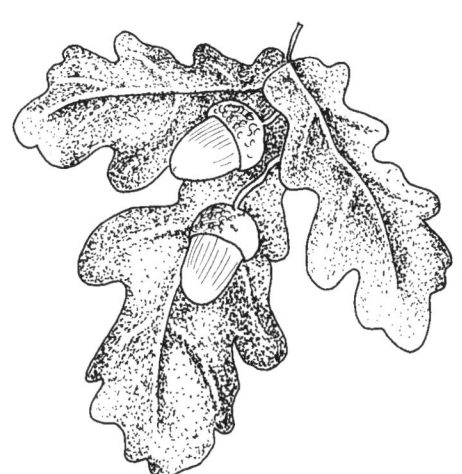

Die Eichbäume

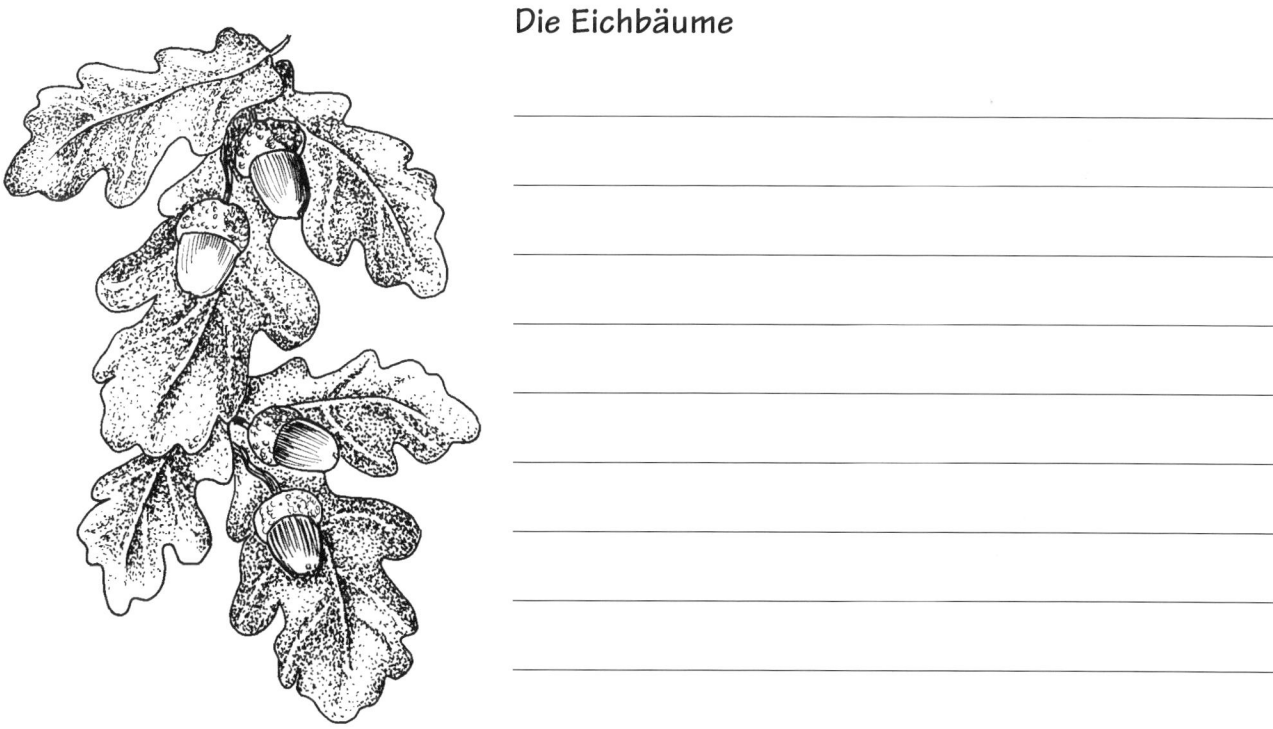

 Unterstreiche in dem Gedicht 20–25 Wörter, die du am wichtigsten findest! Füge diese Wörter zu einem neuen kurzen Gedicht zusammen! Die Wörter können wie in modernen Gedichten ohne Verbindung in einer Verszeile stehen.

4.5 Tiere und Pflanzen

„Der Panter"

Die Beobachtung, die zum Verfassen dieses berühmten Dinggedichtes geführt hat, machte *Rainer Maria Rilke* (vgl. S. 44) in Paris (Jardin des Plantes). In seinem dreistrophigen Gedicht beschreibt er sehr einfühlsam die ausweglose Situation des in einem Käfig eingesperrten Raubtieres: „*Sein Blick ist vom Vorübergehn der Stäbe so müd geworden, dass er nichts mehr hält.*" Dabei tritt vor allem die Grausamkeit des Eingesperrtseins in einen Kontrast zu diesem schönen, wilden und freiheitsliebenden Tier („*Der weiche Gang geschmeidig starker Schritte*"). Die sonst so wachsamen Augen dieses Tieres sind müde geworden und starren ins Leere. Traurig und bedrückend wirkt die Schlussstrophe, bestätigt sie doch, dass der Wille und das Herz des Panters durch seine Gefangenschaft hinter Gitterstäben gebrochen wurden („*Dann geht ein Bild hinein, geht durch der Glieder angespannte Stille und hört im Herzen auf zu sein.*").

Das Gedicht ist durchgehend vom Schema des Kreuzreimes geprägt. Wortwiederholungen wie z. B. in der ersten Strophe die Wörter „*tausend Stäbe*" und eine Vielzahl von Adjektiven („*geschmeidig*", „*müd*", „*tausend*", „*weiche*", „*starker*") lassen das von *Rilke* beschriebene Bild nur allzu deutlich vor dem inneren Auge des Rezipienten entstehen.

Tiere üben im Allgemeinen auf Kinder und Jugendliche eine große Anziehungskraft aus, was in besonderem Maße wohl für gefährliche oder exotische Arten gilt, eigene Erfahrungen mit Tieren, die in Käfigen leben, können eingebracht werden. Die Situation des Panters wird bei der Lerngruppe zusätzlich noch ein Gefühl von Mitleid erzeugen, wodurch ein geeigneter Zugang für die Beschäftigung mit dem *Rilke*-Gedicht gegeben ist.

Möglich, aber schwierig in der Realisierung, wäre auch eine Originalbegegnung mit einem Panter in einem Tierpark oder einem Zoo.

1. Hinführung

Im Sitzkreis wird das Bild eines Panters in einem Käfig betrachtet. Dazu äußern sich die Schülerinnen und Schüler und beziehen gleichzeitig Position zum Thema „Tiere im Zoo". Dabei sollen beide Seiten, sowohl die der Menschen (Freude darüber, dass man exotische Tiere bei sich in der Nähe bewundern kann) als auch die der Tiere (Eingesperrtsein und beschränkte Bewegung) herausgestellt und beleuchtet werden.

2. Erarbeitung

Die Arbeitsbögen → werden verteilt und das Gedicht gemeinsam gelesen. In einem gelenkten Unterrichtsgespräch wird die Situation des Panters herausgestellt und anhand von Textstellen belegt. Nun wird das Stichwort „Perspektive" gegeben; die Schülerinnen und Schüler überlegen, aus welcher Perspektive das Gedicht geschrieben wurde (aus der eines Beobachters, des Dichters). Es wird erarbeitet, wie die Sichtweise des Panters, in Worte gefasst, wiedergegeben werden könnte. Einige Beispiele („*Ich fühle mich gefangen, kann mich kaum bewegen, möchte meine Freiheit wieder, …*") werden aufgezählt.

3. Anwendung

Die Schülerinnen und Schüler erstellen eine Stoffsammlung, in welche sie Stichworte aufnehmen, die die Situation des Tieres widerspiegeln. Daraufhin verfassen sie ein neues Gedicht aus der Perspektive des Panters. Je nach Schwierigkeitsgrad kann dieses reimlos oder wie das Original kreuzweise gereimt sein.

4. Vorstellen der Ergebnisse

Das *Rilke*-Gedicht wird von der Lehrerin/dem Lehrer noch einmal vorgelesen. Die Lerngruppe „antwortet" nun aus der Sichtweise des Panters mit den eigenen Produktionen.

4.5 Tiere und Pflanzen

Der Panter
Im Jardin des Plantes, Paris

Sein Blick ist vom Vorübergehn der Stäbe
so müd geworden, dass nichts mehr hält.
Ihm ist, als ob es tausend Stäbe gäbe
und hinter tausend Stäben keine Welt.

Der weiche Gang geschmeidig starker Schritte,
der sich im allerkleinsten Kreise dreht,
ist wie ein Tanz von Kraft um eine Mitte,
in der betäubt ein großer Wille steht.

Nur manchmal schiebt der Vorhang der Pupille
sich lautlos auf –. Dann geht ein Bild hinein,
geht durch der Glieder angespannte Stille –
und hört im Herzen auf zu sein.

(Rainer Maria Rilke)

Stichwortsammlung

Der Panter

Überlege, wie das Gedicht lauten könnte, wenn es aus der Perspektive des Panters geschrieben worden wäre und lege dazu eine Stichwortsammlung an! Schreibe dann aus der Sicht des Panters ein neues Gedicht! Wenn du möchtest, kannst du den Panter oben hinter das Gitter zeichnen.

4.6 Alter und Tod

„Ein Gleiches"

Der Titel des Gedichtes bezieht sich auf „Wandrers Nachtlied", das diesem gleicht und somit dazu in enger Verbindung steht. Um keine Verwirrung bei der Lerngruppe hervorzurufen, sollte diese Information am Anfang der Gedichtstunde gegeben werden.

Der alternde Mensch wird von *Goethe* (vgl. S. 38) in ruhigem Ton direkt angesprochen, diese Ruhe und Stille ist auch in dem Wald zu spüren, den der Dichter beschreibt: *„Über allen Gipfeln ist Ruh, in allen Wipfeln spürest du kaum einen Hauch."* Der Mensch, der sich seines Alters und seiner Vergänglichkeit bewusst ist, wird wie auch die Vögel im Wald bei einbrechender Dunkelheit bald zur Ruhe kommen und verstummen (*„Die Vögelein schweigen im Walde"*). Der beschriebene Abend, das langsame Dunkelwerden, ist im übertragenen Sinn der Lebensabend des Menschen.

Die allmählich fallende Satzmelodie mit den wohlklingenden u-Lauten (*„Ruh"*, *„nur"*, *„du"*) lassen das Gedicht andächtig klingen, fast möchte man es nicht sprechen, sondern flüstern. Die letzte Gedichtzeile schafft schließlich die Überleitung in den Tod und die Unendlichkeit: *„Warte nur, balde ruhest du auch."*

Dieses Gedicht ist vor allem durch seine dichtgedrängten und verkürzten Sinnbilder (Dämmerung, Abend, Wald) für den Einsatz im Unterricht geeignet. Der „Tod", der auf viele beängstigend wirkt, wird von *Goethe* in einem beruhigenden Ton angesprochen, der helfen kann, dieses Thema mit anderen Augen zu sehen. Vor allem im Jugendalter sollte der Tod thematisiert und über Fragen und Ängste offen gesprochen werden.

Der relativ geringe Umfang wirkt auf Jugendliche besonders motivierend und lädt sie gleichzeitig zum Weiterdenken ein. Die vollkommene Übereinstimmung von Gehalt und Gestalt, von innerer und äußerer Ebene lässt Schülerinnen und Schüler die besondere Harmonie erkennen.

1. Einstimmung

Ein Kreuz (auf einem Bild oder aus Holz/Metall) als Symbol für den Tod wird als stummer Impuls gezeigt.

Der von der Lerngruppe genannte Begriff „Tod" wird an die Tafel geschrieben und eingekreist. Die dazu gesammelten Assoziationen werden im Clustering-Verfahren an der Tafel angeordnet.

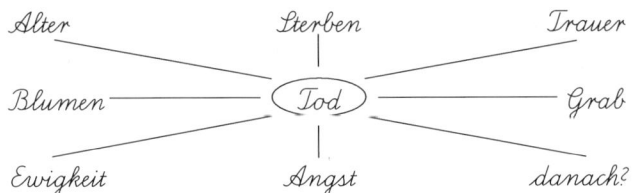

2. Textbegegnung

Die Arbeitsbögen → werden verteilt und die Lerngruppe liest das Gedicht still für sich. Danach wird das Gedicht von der Lehrerin/dem Lehrer noch einmal laut vorgelesen.

Der Komplex „Alter" und „Tod" wird anhand des Gedichtes vertiefend besprochen und der Cluster entsprechend ergänzt (*Ruhe, Lebensabend, Dunkelheit, Stille*).

3. Umgang mit dem Gedicht/Transfer

Die Lehrkraft erläutert nun den Arbeitsauftrag: Es soll ein neues Gedicht mit gleichem Bauschema zum Thema „Tod"/„Alter" geschrieben werden. Die Wörter aus dem Cluster, das die Schülerinnen und Schüler als Grundlage für ihren Gedichtbogen übernehmen, sollen beim Verfassen eines eigenen Textes helfen.

4. Vortragen der Arbeitsergebnisse

Nachdem das Originalgedicht vorgelesen wurde, stellen die Schülerinnen und Schüler ihre Varianten vor, die vom Plenum im Hinblick auf Stil, Einhaltung des Bauprinzips und Inhalt diskutiert werden.

4.6 Alter und Tod

Ein Gleiches

Über allen Gipfeln
Ist Ruh,
In allen Wipfeln
Spürest du
Kaum einen Hauch;
Die Vögelein schweigen im Walde.
Warte nur, balde
Ruhest du auch.

(Johann Wolfgang von Goethe)

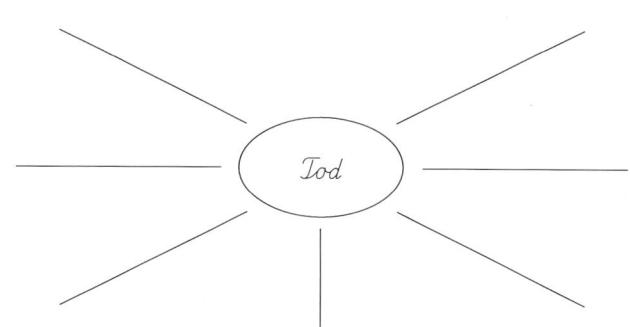

Ein Gleiches

_____

_____

_____

_____

_____

_____

_____

_____

 Nimm dir den Aufbau dieses Gedichtes als Vorlage und schreibe nun ein neues, „gleiches" Gedicht zum Thema „Alter" und „Tod"!
Versuche dabei, die Anzahl der Wörter pro Verszeile, die Anzahl der Verse und Strophen zu übernehmen und auch das Reimschema einzuhalten.

4.6 Alter und Tod

„Hälfte des Lebens"

Das Gewahrwerden der Vergänglichkeit und die Unaufhaltsamkeit der Zeit ist das zentrale Thema dieses Gedichtes von *Friedrich Hölderlin* (vgl. S. 58). Der Prozess dieses Bewusstwerdens vollzieht sich zwischen den beiden stark gegensätzlichen Strophen. Die erste Strophe zeigt die Erfüllung des Lebens in Form einer reifen, lebendigen Landschaft („*Mit gelben Birnen hänget und voll mit wilden Rosen das Land in den See*"), Anteile des Berauschenden und des Ernüchternden halten sich die Waage („*und trunken von Küssen tunkt ihr das Haupt in das heilignüchterne Wasser*"). Die zweite Strophe hingegen erscheint als aufsteigende, böse Vision; Vorahnungen, die den Dichter beim Betrachten der Fülle des Lebens erfassen, werden konkretisiert („*Weh mir, wo nehm ich, wenn es Winter ist, die Blumen und wo den Sonnenschein und Schatten der Erde?*"). Diese Frage bleibt unbeantwortet und scheint in der kalt und sprachlos gewordenen Welt zu verhallen.

Beide Strophen des reimlosen Gedichtes unterscheiden sich nicht nur rein inhaltlich voneinander, sondern weisen auch einige Differenzen in den Bereichen Syntax und Wortwahl auf. Während sich die Satzteile des ersten Teils ruhig aneinanderreihen und jedes Ding mit einem beseelenden Adjektiv versehen ist („*wilde Rosen*", „*holden Schwäne*", „*heilignüchterne Wasser*"), klingt die zweite Strophe unmelodisch und zerrissen („*Weh mir, wo nehm ich, wenn es Winter ist ...*"). Die aufgezählten unbelebten Dinge („*Mauern*", „*Schatten*", „*Wetterfahnen*") sind kalt, erstarrt und ohne Seele. In Strophe eins sind hingegen ausschließlich lebendige Dinge vertreten („*Birnen*", „*Rosen*", „*Schwäne*").

Die Vergänglichkeit des Seins ist eigentlich kein Thema, das ein spontanes Interesse bei Jugendlichen hervorruft. Vor allem durch seine starke Polarität ist das Gedicht aber sehr gut geeignet, dieses schwierige Thema zu vermitteln. Ziel ist es, den Schülerinnen und Schülern zu ermöglichen, die Gegensätzlichkeit der beiden Strophen auf allen Ebenen (Inhalt, Syntax, Wortwahl, Rhythmus) zu erschließen. Da die Phänomene „Alter" und „Tod" unabdingbar zum Leben gehören, sollten diese auch im Jugendalter thematisiert werden.

1. Hinführung

Die Begriffe „Leben" und „Tod" werden an die Tafel geschrieben und eingekreist. Im Clustering-Verfahren werden die Assoziationen der Lerngruppe hinzugefügt:

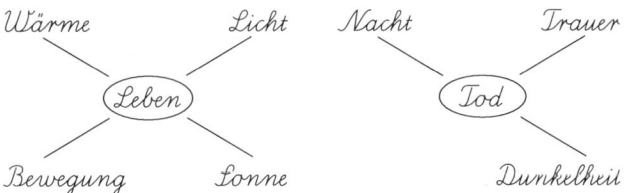

2. Textbegegnung/Erarbeitung

Die Lehrerin/der Lehrer verteilt die Arbeitsbögen → und liest das Gedicht vor. Die sprachlichen Bilder, die die beiden Pole (Leben – Tod) in Form der zwei Strophen widerspiegeln, sollen herausgearbeitet werden („*gelbe Birnen*", „*ihr holden Schwäne*", „*ins heilignüchterne Wasser*", „*Schatten*", „*Mauern*", „*im Winde klirren die Fahnen*"). Der Doppelcluster wird um diese ergänzt.

3. Vertiefung

Die Schülerinnen und Schüler übernehmen den Cluster auf den Arbeitsbogen, der als Anregung für den nun folgenden Bearbeitungsvorschlag dienen soll: das eigene Schreiben eines Gedichtes zum Thema „Gegensatz: Leben – Tod".

4. Darstellen der Ergebnisse

In einer klasseninternen „Dichterlesung" tragen die Schülerinnen und Schüler ihre Gedichte vor und sprechen über ihre Erfahrungen und Schwierigkeiten, die beim Schreibprozess aufgetreten sind.

4.6 Alter und Tod

Hälfte des Lebens

Mit gelben Birnen hänget
Und voll mit wilden Rosen
Das Land in den See,
Ihr holden Schwäne,
Und trunken von Küssen
Tunkt ihr das Haupt
Ins heilignüchterne Wasser.

Weh mir, wo nehm ich, wenn
Es Winter ist, die Blumen und wo
Den Sonnenschein
Und Schatten der Erde?
Die Mauern stehn
Sprachlos und kalt, im Winde
Klirren die Fahnen.

(Friedrich Hölderlin)

①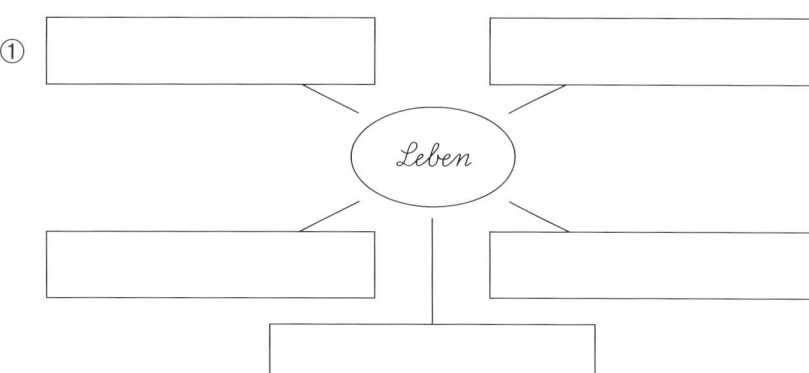

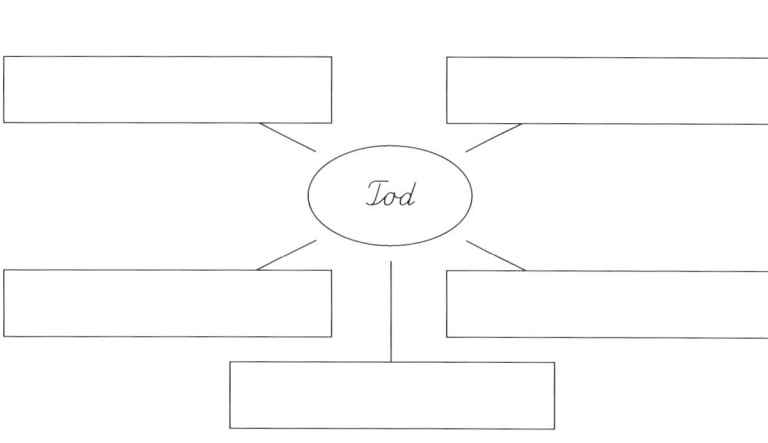

②

_____

_____
_____
_____
_____
_____
_____
_____
_____

① Finde passende Begriffe zu „Leben" und „Tod". Trage diese oben in das Schema ein.
② Schreibe ein eigenes Gedicht zum Thema „Leben – Tod", in das du deine persönlichen Gedanken und Ansichten einfließen lassen kannst!
③ Wenn du möchtest, kannst du später dein Gedicht mit dem des Dichters vergleichen: Was ist anders und wo findest du Gemeinsamkeiten?

4.6 Alter und Tod

Gottfried Keller
Lebensdaten: 1819–1890
Zur Person: Keller erlangte vor allem als Epiker literaturgeschichtliche Bedeutung.

„Abendlied"
Über das Bild des Auges und des Sehens entwickelt *Gottfried Keller* in dem vierstrophigen Gedicht eine berührende gedankliche Wanderung, die von den sehenden Augen bis zu deren Erlöschen führt. Die Bewusstheit, dass der Tod unausweichlich ist, zieht sich trotz vieler innerer Widersprüche wie ein roter Faden durch das Gedicht. Die erste Strophe ist inhaltlich dem Leben gewidmet („*Augen, meine lieben Fensterlein, gebt mir lange holden Schein*"), doch schon die letzte Zeile deutet auf das Unausweichliche hin: „*Einmal werdet ihr verdunkelt sein!*" Die beiden mittleren Strophen sind dem Auslöschen, dem Sterben gewidmet, die personifizierte Seele findet ihre Ruhe („*Fallen einst die müden Lider zu, löscht ihr aus, dann hat die Seele Ruh*"). Die letzte Strophe bezieht sich nun wieder auf das noch bestehende irdische Dasein und auf das Vorhandensein des Augenlichtes, das es dem Dichter auf den abendlichen Feldern wandernd ermöglicht, die überfließende Schönheit der Welt als Bild einzufangen.

Die getragene Stimmung des Gedichtes wird durch das Versmaß (Trochäus) bewirkt, jede Strophe endet in ihren vier Zeilen mit dem gleichen Reim. Die Wortwahl verdeutlicht die intensiven Gefühle des Dichters, was sich vor allem durch die Verwendung der Diminutive „*Fensterlein*", „*Sternlein*", „*Fünklein*" und Adjektive wie „*freundlich*", „*lieb*", „*glimmend*" und „*goldnen*" zeigt. Die Gegensätzlichkeit zwischen Leben und Tod, in der sich der Dichter wiederfindet, wird symbolisiert durch den Kontrast von Licht („*Fensterlein*", „*holden Schein*") und Dunkel („*verdunkelt*", „*finster*"). Die widersprüchliche Bewusstseinslage des Dichters zu verstehen, ist für Jugendliche nicht ganz einfach. Dennoch bietet das Gedicht gerade deshalb Ansatzpunkte für die intensive Beschäftigung.

1. Einstieg
Der Name des Dichters wird an die Tafel geschrieben und unterstrichen.

2. Bekanntwerden mit Dichter und Gedicht
Es erfolgt eine Sammlung der Vorkenntnisse über *Gottfried Keller*, sollte dieser der Klasse unbekannt sein, gibt die Lehrerin/der Lehrer einige Informationen vor:

Gottfried Keller
– *1819–1890*
– *Epoche: Realismus*
– *Epik: z. B. „Der grüne Heinrich"*
– *Eines seiner Gedichte ist*

„*Abendlied*".

Nachdem die Arbeitsbögen → ausgeteilt sind, wird das Gedicht laut vorgelesen. In einem gelenkten Unterrichtsgespräch wird die innere Widersprüchlichkeit (jetzt – Ewigkeit), in der sich das lyrische „Ich" befindet, erarbeitet. Die Gefühle gegenüber dem Alter und dem Tod werden anhand von Textstellen belegt.

3. Auseinandersetzung mit dem Gedicht
Die Schülerinnen und Schüler schreiben nun einen Brief an den Dichter, in dem sie Kritik im Hinblick auf das Gedicht üben und Fragen stellen. Die Briefe werden in Umschläge gesteckt und der Lehrkraft gegeben.

4. Auswertung
Im Sitzkreis werden die Briefe gemischt, neu verteilt und vorgelesen. Es ist denkbar, dass sich der Vorlesende in die Rolle *Kellers* versetzt und auf die Briefe antwortet.

4.6 Alter und Tod

Abendlied

Augen, meine lieben Fensterlein,
Gebt mir schon so lange holden Schein,
Lasset freundlich Bild um Bild herein:
Einmal werdet ihr verdunkelt sein!

Fallen einst die müden Lider zu,
Löscht ihr aus, dann hat die Seele Ruh;
Tastend streift sie ab die Wanderschuh,
Legt sich auch in ihre finstre Truh.

Noch zwei Fünklein sieht sie glimmend stehn
Wie zwei Sternlein, innerlich zu sehn,
Bis sie schwanken und dann auch vergehn,
Wie von eines Falters Flügelwehn.

Doch noch wandl ich auf dem Abendfeld,
Nur dem sinkenden Gestirn gesellt;
Trinkt, o Augen, was die Wimper hält,
Von dem goldnen Überfluss der Welt!

(Gottfried Keller)

Sehr geehrter Herr Gottfried Keller,

_____
_____
_____
_____
_____
_____
_____
_____

Schreibe einen Brief an den Autor des Gedichtes, in dem du ihm erzählst, was dir an dem Gedicht gefällt, und frage ihn, was du noch wissen möchtest.

4.7 Tag und Nacht

„Mondnacht"

Eichendorff (vgl. S. 36) beginnt sein einfühlsames Gedicht, das durch *Schumann* vertont worden ist, mit der Beschreibung einer wunderbaren Nacht. Es ist ihm, „*als hätt der Himmel die Erde still geküsst*", so friedlich und glücklich erscheint dem Dichter seine Umgebung. Auch die zweite Strophe stellt den vollständigen Einklang zwischen Himmel und Erde dar: Luft streicht durch die Felder, der laue Wind geht durch den Wald. Die dritte Strophe erwähnt nun explizit das lyrische Ich in Form der Seele, die sich in dieser unendlichen Harmonie zwischen Himmlischem und Irdischem bewegt, „*als flöge sie nach Haus*".

Das dreistrophige Gedicht, von dem die zweite Strophe durch einen reinen, die erste und dritte Strophe durch einen unreinen Kreuzreim (Assonanz: „Himmel" – „Schimmer"; „spannte" – „Lande") geprägt sind, bewirkt unter anderem durch die Wortwahl („*still*", „*sacht*", „*sternklar*"), dass der Leser an der andächtigen Stille der beschriebenen Situation teilhaben kann. Die Personifizierung des Himmels, der Erde und der Luft lassen die in den ersten beiden Strophen noch unausgesprochene Parallele zwischen Welt und Mensch erahnen. Die dritte Strophe beschreibt schließlich mit einem Vergleich (Seele – Vogel) das Eingebundensein des Menschen und der Seele in die Welt bzw. die Natur. Der Kreislauf zwischen Leben und Tod schließt sich in der letzten Zeile („*als flöge sie nach Haus*"), indem die Seele in dieser Mondnacht heimfindet.

Die stimmungsvoll und romantisch beschriebenen Bilder erleichtern es den Schülerinnen und Schülern, sich in die Atmosphäre dieser „Mondnacht" einzufühlen und nachzuvollziehen, was den Dichter beim Verfassen bewegt hat. Der Betrachtungsschwerpunkt liegt dabei sowohl auf der beschriebenen Natur („*Es rauschten leis die Wälder*"), als auch auf der Ebene „Leben und Tod".

1. Einstimmung

Die Vertonung Schumanns eignet sich sehr gut für eine stimmungsvolle, musikalische Hinführung zu dem Gedicht. Nachdem das Musikstück gehört worden ist, äußert die Lerngruppe Vermutungen über den thematischen Bezug. Die Lehrerin/der Lehrer schreibt schließlich den Titel „Mondnacht" an die Tafel.

2. Textbegegnung/Erarbeitung

Das Gedicht wird von der Lehrkraft laut vorgelesen. Die romantische Darstellungsweise *Eichendorffs* („*Blütenschimmer*", „*es rauschten leis die Wälder*") und die Personifikationen („*Es war, als hätt der Himmel die Erde still geküsst*") sollen herausgearbeitet werden.

Nachdem die Schülerinnen und Schüler die Arbeitsbögen → erhalten haben, wird das Gedicht noch einmal gemeinsam gelesen. Die Lehrerin/der Lehrer skizziert das Bauprinzip des Elfchens an der Tafel, das die Lerngruppe übernimmt und auf das Arbeitsblatt schreibt.

1. Zeile: Eine Farbe oder Eigenschaft. (1 Wort)

2. Zeile: Etwas, das diese Farbe oder Eigenschaft hat. (2 Wörter)

3. Zeile: Wo und wie ist der Gegenstand; was tut die Person? (3 Wörter)

4. Zeile: Etwas über sich selbst, beginnend mit „Ich". (4 Wörter)

5. Zeile: Ein abschließendes Wort, ein Ausruf. (1 Wort)

3. Anwendungsmöglichkeit

Nun werden eigene Elfchen zum Thema Mondnacht verfasst. Im folgenden Verlauf ist es durchaus denkbar, dass weitere Elfchen mit den Themenschwerpunkten „Nacht", „Sterne", „Mond" und „Dunkelheit" folgen.

4. Sammeln der Arbeitsergebnisse

Im Hintergrund wird noch einmal leise die Vertonung Schumanns abgespielt, die Schülerinnen und Schüler schreiben ausgewählte Elfchen an die Tafel, die sie anschließend vortragen.

4.7 Tag und Nacht

Mondnacht

Es war, als hätt der Himmel
Die Erde still geküsst,
Dass sie im Blütenschimmer
Von ihm nun träumen müsst.

Die Luft ging durch die Felder,
Die Ähren wogten sacht,
Es rauschten leis die Wälder,
So sternklar war die Nacht.

Und meine Seele spannte
Weit ihre Flügel aus,
Flog durch die stillen Lande,
Als flöge sie nach Haus.

(Joseph von Eichendorff)

Das Bauprinzip eines Elfchens:

1. Zeile: _____

2. Zeile: _____

3. Zeile: _____

4. Zeile: _____

5. Zeile: _____

Mondnacht

_____

_____

_____

_____

 Schreibe zum Thema „Mondnacht" ein Elfchen! Beachte dabei genau das Bauprinzip! Wenn du möchtest, kannst du auch weitere Elfchen zu den Themen „Nacht", „Mond" und „Sterne" verfassen.

4.7 Tag und Nacht

„In der Frühe"

Das weniger bekannte *Mörike*-Gedicht (vgl. S. 28) beschreibt die Gefühle eines Menschen, für den die vergangene Nacht mit Ängsten und quälenden Zweifel verbunden war und der nun von diesen durch den kommenden Tag erlöst wird. Dabei finden wir die klassische Charakteristik der beiden entgegengesetzten zeitlichen Pole wieder: Die Nacht steht für undurchsichtige Dunkelheit und quälende Fragen, Ängste nehmen gespenstische Ausmaße an. Der Tag hingegen mit seinem Licht und seiner Wärme lässt alles Böse verschwinden und fängt den aufgewühlten Menschen wieder auf.

Dieser ist während der ganzen Nacht nicht zur Ruhe gekommen und konnte keinen Schlaf finden („*Kein Schlaf noch kühlt das Auge mir*"). Die erste Strophe beschreibt nun die Übergangsphase zwischen der Nacht, die mit Grübeleien verbunden war und von der sich der Mensch noch nicht zu lösen vermag („*Es wühlet mein verstörter Sinn noch zwischen Zweifeln hin und her und schaffet Nachtgespenster*") und dem anbrechenden Tag, der die seelische Rettung bedeutet: „*Dort gehet schon der Tag herfür an meinem Kammerfenster.*" Die erste Strophe zeigt deutlich, dass der Mensch zwischen Nacht und Tag hin- und hergerissen ist: Während die zweite und dritte Zeile den kommenden Tag beschreibt, fällt die vierte, fünfte und sechste in die ängstlichen Gedanken der Nacht zurück. Die zweite Strophe beginnt mit einem Aufruf an die aufgewühlte Seele, sich nicht länger zu zermartern („*Ängste, quäle dich nicht länger, meine Seele!*"), weil der Tag bereits die Nacht abgelöst hat.

Das Gedicht ist in zwei vom Aufbau her ungleiche Strophen (beide paarweise gereimt) aufgeteilt, die erste aus sechs Versen bestehend, die zweite aus nur vier.

Das Phänomen „Tag und Nacht", „Helligkeit und Dunkelheit" ist den Schülerinnen und Schülern natürlich aus dem Alltag vertraut. Sie können daher an eigene Erfahrungen zu diesem Thema anknüpfen.

1. Einstieg

Auf zwei Plakaten werden die Wörter „Tag" (gelb) und „Nacht" (blau) an die Tafel gehängt. Die Frage an die Lerngruppe ist, welche Gefühle und Gedanken sie damit verbindet. Die Ideensammlung wird in Form des Clusters dargestellt:

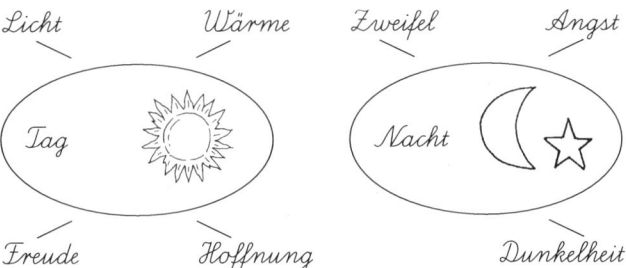

2. Textbegegnung

Die nächste Phase leitet die Lehrerin/der Lehrer mit dem Satzanfang „Der Übergang zwischen Tag und Nacht heißt ..." ein, das Wort „Dämmerung" wird ergänzt und das Gedicht *Mörikes* ist dadurch angekündigt. Nun werden die Gedichtbögen → ausgeteilt und das Gedicht gelesen. Die Schülerinnen und Schüler unterstreichen nun mit gelber Farbe die Textstellen, die vom kommenden Tag berichten, und mit Blau die Passagen, die sich auf die Nacht beziehen. Der Cluster wird um die Aussagen des Gedichtes ergänzt und auf den Bogen übernommen.

3. Vertiefung

Die Lehrkraft macht darauf aufmerksam, dass sich aus dem Gedicht viele Fragen und Kommentare ableiten lassen (z. B. „Warum konnte der Dichter nicht schlafen?"). Die Lerngruppe erhält den Auftrag, zwischen die Zeilen Kommentare und Fragen zu schreiben.

4. Zusammenfassen der Ergebnisse

Zum Vortragen der Interlinearkommentare eignet sich folgendes Verfahren: Eine Schülerin/ein Schüler liest eine Zeile des *Mörike*-Gedichtes vor, eine andere/ein anderer antwortet mit dem Kommentar.

4.7 Tag und Nacht

In der Frühe

Kein Schlaf noch kühlt das Auge mir.

Dort gehet schon der Tag herfür

An meinem Kammerfenster.

Es wühlet mein verstörter Sinn

Noch zwischen Zweifeln her und hin

Und schaffet Nachtgespenster.

Ängste, quäle

Dich nicht länger, meine Seele!

Freu dich, schon sind da und dorten

Morgenglocken wachgeworden.

(Eduard Mörike)

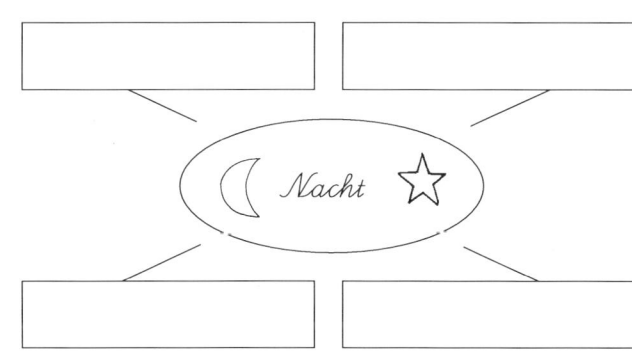

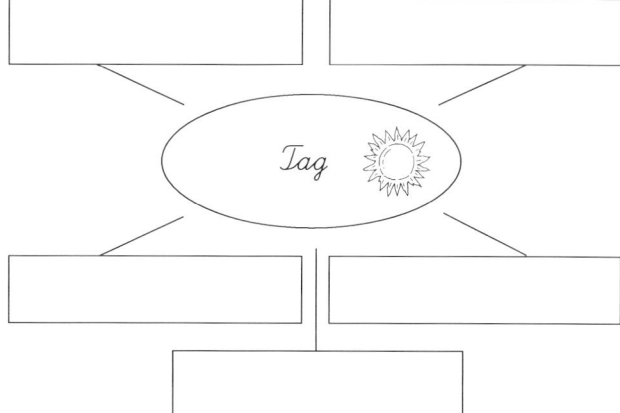

① Trage in die Kästchen Wörter ein, die zu „Nacht" und „Tag" passen.

② Du findest zwischen den Versen dieses Gedichtes viele Leerzeilen, in die du Gedanken, Fragen und Wörter schreiben kannst, die dir beim Lesen des Gedichtes einfallen, z. B. Kein Schlaf noch kühlt das Auge mir,

Warum konnte der Dichter nicht schlafen? …

71

4.7 Tag und Nacht

„Um Mitternacht"

Der Augenblick der Mitternacht, der exakt zwischen den Tagen steht, wird hier von *Eduard Mörike* (vgl. S. 28) als scheinbar zeitloser Moment beschrieben. Die ersten vier Verse der beiden jeweils paarweise gereimten Strophen drücken diese Zeitlosigkeit aus: *„Gelassen stieg die Nacht ans Land, lehnt träumend an der Berge Wand, ihr Auge sieht die goldne Waage nun der Zeit in gleichen Schalen ruhn."* In ihnen herrscht vollkommene Ruhe, die Geräusche des Tages sind verstummt, die Waagschalen der Zeit scheinen stillzustehen. Die zweiten Teile der Strophen sind dagegen von Bewegung gekennzeichnet (*„Und kecker rauschen die Quellen hervor"*), die fließenden Quellen symbolisieren das unaufhaltsame Voranschreiten der Zeit. Wie in Volks- und Kinderliedern sind die beiden letzten Verse mit einem Kehrreim versehen (*„vom Tage, vom heute gewesenen Tage"*), was den kindlichen, lebendigen Charakter der Quellen unterstreicht, die der Mutter (der Nacht) etwas vom Tage erzählen. Doch die Nacht lässt die Quellen unbeachtet, sie lebt nur in dem währenden Augenblick, den sie mit allen Sinnen gleichzeitig aufnimmt (Stilmittel der Synästhesie: Verkopplung von unterschiedlichen Sinneseindrücken): *„Ihr klingt des Himmels Bläue süßer noch, der flücht'gen Stunden gleichgeschwungnes Joch."* Und doch scheint das unausweichliche Voranschreiten der Zeit an Bedeutung zu gewinnen, bildet es doch den Abschluss des Gedichtes: *„Doch immer behalten die Quellen das Wort, es singen die Wasser im Schlafe noch fort, vom Tage, vom heute gewesenen Tage."*

Mörikes Gedicht bedarf für die Vermittlung und das Verstehen einer besonderen Stimmung, um es voll erfassen zu können. Kann diese Atmosphäre erzeugt werden, ist es Schülerinnen und Schülern durchaus möglich, sich auf die sensible Bildhaftigkeit des Gedichtes einzulassen und die Bedeutung der zahlreichen sprachlichen Bilder (*goldene Waage, Quellen*) zu erschließen.

1. Einstieg

Die Lehrerin/der Lehrer zeigt eine Uhr, deren Zeiger genau auf 12.00 Uhr stehen. Die Schülerinnen und Schüler äußern Vermutungen, die vorerst unkommentiert gesammelt werden. Fällt das Wort „Mitternacht", wiederholt die Lehrkraft das Wort. Es soll nun herausgestellt werden, dass die Mitternacht exakt zwischen zwei Tagen liegt.

2. Textbegegnung

Die Schülerinnen und Schüler erhalten den Gedichtbogen, die Lehrerin/der Lehrer trägt das Gedicht vor. Die Bedeutung der Bilder der ruhenden Waage (Anhalten der Zeit) und der singenden Quellen (Voranschreiten der Zeit) sollen nun herausgearbeitet werden. An dieser Stelle kann auch das Stilmittel der Synästhesie (Verkopplung von unterschiedlichen Sinneseindrücken) anhand der zweiten Strophe (*„Ihr klingt des Himmels Bläue süßer noch"*) erläutert werden.

Die beiden gegensätzlichen Positionen (die Nacht und die vom Tag erzählenden Quellen) werden genannt und im Gedicht markiert.

3. Vertiefung

Die möglichen Gedanken der Nacht (Mutter) und der Quellen (Kinder) sollen nun in Worte gefasst und in Dialogform zu Papier gebracht werden.

4. Darstellung der Arbeitsergebnisse

Die Lehrerin/der Lehrer liest noch einmal das Gedicht vor. In Form einer szenischen Interpretation tragen nun jeweils zwei Schülerinnen/Schüler ihre Ergebnisse dialogisch vor. Dabei soll auch auf die Mimik und Gestik geachtet werden. Das Plenum beurteilt das Vorgetragene und übt konstruktive Kritik.

4.7 Tag und Nacht

Um Mitternacht

Gelassen stieg die Nacht ans Land,
Lehnt träumend an der Berge Wand,
Ihr Auge sieht die goldne Waage nun
Der Zeit in gleichen Schalen stille ruhn;
    Und kecker rauschen die Quellen hervor,
    Sie singen der Mutter, der Nacht, ins Ohr
        Vom Tage,
    Vom heute gewesenen Tage.

Das uralt alte Schlummerlied,
Sie achtet's nicht, sie ist es müd;
Ihr klingt des Himmels Bläue süßer noch,
Der flücht'gen Stunden gleichgeschwungnes Joch.
    Doch immer behalten die Quellen das Wort,
    Es singen die Wasser im Schlafe noch fort
        Vom Tage,
    Vom heute gewesenen Tage.

(Eduard Mörike)

Nacht: _____

Quellen: _____

Nacht: _____

Quellen: _____

Nacht: _____

Quellen: _____

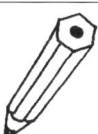 Die Nacht und die singenden Quellen sind in diesem Gedicht gegensätzliche Parteien. Überlege nun, was sie sagen könnten, und schreibe das in Dialogform auf! Ihre Gedanken kannst du in Klammern hinzufügen.

73

4.7 Tag und Nacht

„In der Frühe"

Die Handschrift des Gedichtes ist mit der Überschrift „Morgens" versehen. *Theodor Storm* (vgl. S. 46) schrieb das Gedicht 1851 nach dem Eindruck eines Morgenspazierganges im Winter. Das Krähen der Hähne, die die Menschen aus der vorübergegangenen Nacht in den Tag rufen, ist ihm in besonderer Erinnerung geblieben („*Die Hähne krähen den Morgen wach; Nun einer hier, nun einer dort*"). Die letzten beiden Verse sind Ausrufe, Appelle des Dichters an die Hähne, weiter zu krähen und dadurch die Menschen aufzuwecken und (im politischen Sinne) aufzurütteln.

Das schlichte einstrophige Gedicht besitzt ein einfaches Reimschema (Paarreim). Sein Aufforderungscharakter, der neben der Naturbeschreibung zum Tragen kommt, wird besonders durch Wiederholungen auf Wort- und Lautebene bewirkt: Assonanzen („*Hähne krähen*") und Parallelismen („*Nun einer hier, nun einer dort*"; „*ich höre nichts, ich horche lang*").

Der ständig wiederkehrende Wechsel von Tages- und Nachtzeit ist für die Schülerinnen und Schülern täglich präsent, wird aber von den meisten nicht genauer beachtet. Die Gedanken über diesen thematischen Schwerpunkt tragen mit zur Förderung einer aktiven und bewussten Umwelterfahrung bei. Aus diesem Grund bietet sich das *Storm*-Gedicht „In der Frühe" besonders an, da es die Schülerinnen und Schüler an den Gedanken des Dichters teilhaben lässt, der sich auf einen morgendlichen Spaziergang begibt. Charakterisiert wird die Morgenstimmung durch das Krähen der Hähne, die die Welt aufzuwecken versuchen. Der politische Hintergrund dieses Gedichtes (Aufrütteln der Zeitgenossen) kann unbeachtet bleiben. Es ist von primärer Wichtigkeit, die Schülerinnen und Schüler für die Umwelt zu sensibilisieren.

1. Einstieg

Die aktuelle Zeit des Sonnenaufgangs wird ohne Kommentar an die Tafel geschrieben.

Die Schülerinnen und Schüler versuchen nun herauszufinden, was es mit dieser Uhrzeit auf sich haben könnte. Die Lösung („Zeit des heutigen Sonnenaufgangs") wird an die Tafel geschrieben.

2. Textbegegnung

Die Lehrerin/der Lehrer leitet die nächste Phase ein: „Zu der Zeit des Sonnenaufgangs hat vor etwa 150 Jahren der Dichter *Theodor Storm* einen Spaziergang gemacht. Seine Eindrücke schrieb er in einem Gedicht auf."

Die Gedichtbögen → werden verteilt und das Gedicht gemeinsam gelesen. Die Schülerinnen und Schüler sollen versuchen, mit eigenen Worten die beschriebene Landschaftskulisse wiederzugeben. (z. B. „Die Sonne geht langsam auf, man hört Hähne krähen, die meisten Menschen schlafen noch, …").

3. Vertiefung

Die beiden letzten Verse werden nochmals vorgelesen, die Lerngruppe wird darauf aufmerksam gemacht, dass sich an dieser Stelle etwas anschließen könnte. Dieses Weiterführen bewerkstelligen die Schülerinnen und Schüler in schriftlicher Form auf dem Arbeitsbogen. Dabei sollte das Bauprinzip des *Storm*-Gedichtes möglichst eingehalten werden, ein Schluss in Prosa ist aber auch denkbar.

4. Vergleich der Ergebnisse

Die eigenen Produktionen werden in folgender Art und Weise präsentiert: Die Schülerinnen und Schüler lesen zuerst das Gedicht *Storms* vor und fügen dann den eigenen Schluss hinzu, so dass ein neues, längeres Gedicht entsteht. Ziel dieser Phase ist es auch, die Beurteilungsfähigkeit der Lerngruppe zu schulen, die die Arbeitsergebnisse bewertet.

4.7 Tag und Nacht

In der Frühe

Goldstrahlen schießen übers Dach,
Die Hähne krähen den Morgen wach;
Nun einer hier, nun einer dort,
So kräht es nun von Ort zu Ort;
Und in der Ferne stirbt der Klang –
Ich höre nichts, ich horche lang.
Ihr wackern Hähne, krähet doch!
Sie schlafen immer, immer noch!

(Theodor Storm)

Heute ist die Sonne um ___ Uhr aufgegangen.

Wörtersammlung:

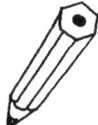

Wie könnte das Gedicht weitergehen? Schreibe für das Gedicht einen neuen Schluss! Versuche, das Bauprinzip (Verszeilen, Strophe, ...) des Gedichtes einzuhalten! Lege eine Wörtersammlung an, die dir beim Schreiben hilft!

4.8 Weihnachten und andere Feste

„Weihnachten"

In diesem Erzählgedicht beschreibt *Eichendorff* (vgl. S. 36) einen harmonischen Abendspaziergang durch weihnachtlich geschmückte Gassen und verschneite Felder. Dieser Spaziergang beginnt in den Straßen der Stadt („*Markt und Straßen stehn verlassen, still erleuchtet jedes Haus*") und führt den Rezipienten hinaus auf die Felder („*Und ich wandre aus den Mauern bis hinaus ins freie Feld*") und endet gedanklich in „himmlischen" Höhen („*Sterne hoch die Kreise schlingen*"). Der Dichter berichtet davon, wie sich die Menschen auf das Fest vorbereiten und ihre Häuser schmücken. Auch die Natur bezieht *Eichendorff* mit ein („*bis hinaus ins freie Feld, hehres Glänzen, heilges Schauern! Wie so weit und still die Welt!*"). Die Botschaft der „gnadenreichen Zeit" schwebt wie ein Lied durch die schneebedeckte stille Natur.

Das Versmaß der vier Strophen ist ein Trochäus, jede der vierzeiligen Strophen ist geprägt durch einen Kreuzreim. Die beschreibenden Adjektive „*verlassen*", „*erleuchtet*", „*festlich*", „*fromm*" und „*wunderstill*" verdeutlichen die Ruhe und den Frieden, die der Dichter bei diesem Weihnachtsspaziergang empfunden haben mochte.

Auch Schülerinnen und Schüler bleiben von vorweihnachtlicher Hektik und vom Stress nicht verschont. Gerade die Zeit der Besinnlichkeit und des Nachdenkens ist oft von Zeitdruck und Unruhe geprägt. Besonders zu dieser Zeit ist es daher wichtig, sich Zeit zu nehmen – für andere, für sich und für Gedanken an Weihnachten. In diesem Gedicht herrscht tiefe Ruhe, die Jugendliche begleiten *Eichendorff* auf einen besinnlichen Weihnachtsspaziergang („*sinnend geh ich durch die Gassen*"), grundlegende Fragen wie „Welche Bedeutung hat *Weihnachten* für mich persönlich?", können durch das Gedicht gestellt und beantwortet werden.

1. Einstimmung

Eine Kerze oder ein Adventskranz dient als Instrument, um weihnachtliche Stimmung zu erzeugen.

Die Lehrerin/der Lehrer schreibt das Wort „Weihnachten" an die Tafel. Die von Schülerseite genannten Assoziationen werden an der Tafel notiert:

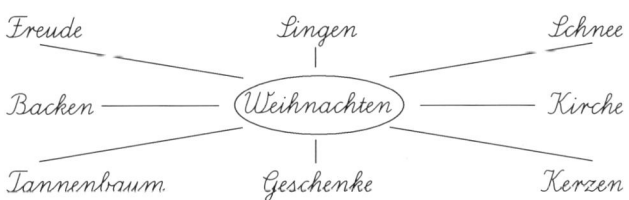

2. Erarbeitung/Textbegegnung

Das Gedicht wird nun auf einer Folie gezeigt und von der Lehrerin/dem Lehrer vorgelesen. Der Cluster wird um neue Begriffe ergänzt. Die Lehrkraft liest nun die erste Strophe noch einmal vor und unterstreicht die Reimwörter am Zeilenende. Davon ausgehend soll der Begriff Kreuzreim erarbeitet werden. Das Beispiel für einen Paarreim und umarmenden Reim wird mündlich gegeben. Die Namen der drei Reimformen werden an die Tafel geschrieben und die Gedichtbögen → ausgegeben.

3. Anwendung

Die Wörter werden eingekreist, zu ihnen weitere Reimwörter gesucht und in die Tabelle eingetragen. Anschließend bilden die Schülerinnen und Schüler mit diesen Wörtern Paar-, Kreuz- und umarmende Reime.

4. Integration des Gelernten

In Form eines Spieles werden Reimketten gebildet, ein Wort wird vorgegeben, die anderen müssen möglichst schnell ein passendes Reimwort finden.

4.1 Frühling, Sommer, Herbst und Winter

Weihnachten

Markt und Straßen steh'n verlassen,
Still erleuchtet jedes Haus,
Sinnend geh' ich durch die Gassen,
Alles sieht so festlich aus.

An den Fenstern haben Frauen
Buntes Spielzeug fromm geschmückt.
Tausend Kindlein stehn und schauen,
Sind so wunderstill beglückt.

Und ich wandre aus den Mauern
Bis hinaus ins freie Feld.
Hehres Glänzen, heil'ges Schauern!
Wie so weit und still die Welt!

Sterne hoch die Kreise schlingen,
Aus des Schnees Einsamkeit
Steigt's wie wunderbares Singen –
O du gnadenreiche Zeit!

(Joseph von Eichendorff)

Reimwörter:				

Paarreim:	Kreuzreim:	Umarmender Reim:

 Kreise verschiedene Wörter am Ende einer Verszeile ein. Suche nun zu diesen Wörtern möglichst viele Reimwörter, die du in die Tabelle einträgst.
Bilde dann mit den Wörtern **Paarreime, Kreuzreime und umarmende Reime**.

4.8 Weihnachten und andere Feste

Herbert von Hoerner
Lebensdaten: 1884–1950
Zur Person: Der baltische Dichter wurde in Deutschland vor allem als Verfasser von Lyrik und als Übersetzer russischer Werke von Puschkin, Gogol und Tolstoi bekannt.

„Erntekranz"

In seinem Erntedankgedicht formuliert der Dichter eine Bitte an den Herbst: Er möge der Welt noch einmal, bevor die dunkle Jahreszeit Einzug hält, eine Freude bereiten und die Menschen auf seine Art an den Spruch *„Gib uns unser täglich Brot"* erinnern. Die in der ersten Strophe beschriebene Stimmung (*„eh die bunten Blumen sterben"*) wirkt melancholisch und betrübt. Der Herbst schafft es allerdings durch seinen Farbenreichtum, den Menschen noch einmal zu erfreuen (*„Mal uns du mit deinen Farben, Herbst, die Welt noch einmal froh!"*). In der zweiten Strophe spricht *Herbert von Hoerner* die herbstlich bunten Früchte an und stellt so auch den entscheidenden Satz (*„Gib uns unser täglich Brot"*), vom Herbst in goldener Schrift geschrieben, in die Mitte seines Erntekranzes.

Das Gedicht besteht aus zwei fünfzeiligen Strophen, die sich nach dem Reimschema abaab reimen, wobei in der ersten Strophe durch *„Garben – sterben"* ein unreiner Reim vertreten ist. Eine hohe Bildhaftigkeit wird dem Gedicht durch Personifizierungen (der Herbst als Maler, sterbende Blumen) und die Farbadjektive (*„bunt", „braun", „gelb", „rot", „gold"*) verliehen.

Herbert von Hoerner greift in dem Gedicht „Erntekranz" ein gesellschaftliches Problem auf: die Abkehr vom Ursprünglichen der Schöpfung und die zunehmende Tendenz zur Technisierung. Es ist sehr wichtig, der Lerngruppe unsere (verglichen mit der Dritten Welt) sehr gute Versorgungslage vor Augen zu führen. Zur Rückbesinnung auf den Spruch *„Gib uns unser täglich Brot!"* kann das Gedicht seinen Beitrag leisten.

1. Einstimmung

Die Lehrerin/der Lehrer breitet auf dem Tisch die mitgebrachten Gegenstände (Obst, Garbenstrauß, Kürbis, usw. ...) aus. Sie/er wartet die Reaktionen der Klasse ab und sammelt die geäußerten Vermutungen. Nachdem der Begriff „Erntedank" gefallen ist, wird dieser an der Tafel festgehalten.

2. Erarbeitung/Textbegegnung

An der Tafel werden nun (ringförmig um das Wort „Erntedank") Begriffe angeordnet, die mit dem Erntedankfest verbunden werden:

Danach werden die Gedichtbögen → verteilt und das Gedicht gelesen. Der Satz *„Gib uns unser täglich Brot"* soll herausgestellt und vertiefend besprochen werden.

3. Vertiefung

Mit dem Hinweis „Erntedank ist ein farbenfrohes Fest" soll die Klasse auf den Arbeitsauftrag aufmerksam gemacht werden. Dieser wird anhand einiger Textstellen beispielhaft erläutert und anschließend bearbeitet.

4. Vorstellen der Arbeitsergebnisse

Einige ausgewählte Arbeiten werden an der Tafel aufgehängt und von allen betrachtet, anschließend werden die Arbeitsergebnisse im Sitzkreis besprochen.

4.8 Weihnachten und andere Feste

Erntekranz

Sind vom Feld die letzten Garben
heimgeborgen, Korn und Stroh,
eh die bunten Blumen sterben,
mal uns du mit deinen Farben,
Herbst, die Welt noch einmal froh!

Braun die Birne, gelb die Quitte,
und den Apfel mal uns rot!
Und in all der Farben Mitte
mal als goldnen Spruch die Bitte:
Gib uns unser täglich Brot!

(Herbert von Hoerner)

② Erntekranz

① _____

(Erntedank)

_____

① Finde Begriffe, die zu „Erntedank" passen.
② Schreibe das Gedicht ab und benutze dabei die Schriftgröße, Schriftdicke, Schriftfarbe und Schriftart so, wie es deiner Meinung nach am besten zu den Worten im Gedicht passt!

z. B. **groß**, klein, …

4.8 Weihnachten und andere Feste

„Advent"

Der Dichter *Rainer Maria Rilke* (vgl. S. 44) beschreibt in dem naturlyrischen Gedicht „Advent" die Wirkung des herannahenden Weihnachtsfestes in Bezug auf die personifizierte Natur („*es treibt der Wind*"; „*und manche Tanne ahnt, wie balde sie fromm und lichterheilig wird*"), die ihrerseits ein fast religiöses Empfinden des Advents übernommen hat. Hierbei wird die vom Menschen gefühlte Adventsstimmung direkt auf die Natur (Tanne, Wind) übertragen. Das natürliche Dasein und das Wachsen der Tanne sind nun einzig und allein auf das ihr bevorstehende Fest gerichtet. Durch sensible Beschreibungen ihres Verhaltens wird die Tanne dem Rezipienten in besonderer Weise nahegebracht.

Das achtzeilige Gedicht besteht aus einer Strophe und wird von Kreuzreimen durchzogen. Personifizierungen („*Es treibt der Wind*") stellen das Eingebundensein der Natur in das Weihnachtsfest heraus. Enjambements und Alliterationen („*den weißen Wegen*") verleihen dem Gedicht Klangfülle und dem Thema eine angemessene abgerundete Form.

Obwohl der Advent eng mit dem Weihnachtsfest verwoben ist, stellt er doch eine eigene, besondere Zeit dar, in der sich die Menschen auf Weihnachten vorbereiten. Die Adventszeit bietet viele Möglichkeiten, die weihnachtliche Stimmung zu genießen und sich auf Heiligabend zu freuen. Um Weihnachten nicht zum reinen Konsumfest verkommen zu lassen, ist eine wichtige Aufgabe der Schule, Schülerinnen und Schüler auch die andere Seite der Adventszeit aufzuzeigen. Sie sollen durch das *Rilke*-Gedicht eine besondere Achtung vor anderen Lebewesen und die Freude am Advent als etwas Gemeinsames erfahren.

1. Einstieg

Die Lehrerin/der Lehrer liest das Gedicht ohne Nennung der Überschrift vor.

Die Lerngruppe äußert Gedanken und ggf. Fragen und soll herausfinden, von welcher Zeit das Gedicht berichtet. Schließlich wird die Überschrift „Advent" an die Tafel geschrieben und unterstrichen. In der Klassenbücherei (oder einem mitgebrachten Lexikon) wird der Begriff nachgeschlagen und die Definition an der Tafel notiert:

Advent: [„Ankunft" Christi], der die letzten vier Sonntage vor Weihnachten umfassende Zeitraum.

2. Erarbeitung

Die Gedichtbögen → werden verteilt und die Überschrift eingetragen. Es soll erarbeitet werden, dass das Gedicht aus der Sicht eines Beobachters geschrieben wurde. Ausgehend von der personifizierten Tanne sollen die Schülerinnen und Schüler nun überlegen, welche Gefühle und Gedanken die Tanne zur Adventszeit haben könnte und vielleicht auch, welche Befürchtungen sie hat im Hinblick auf die Zeit nach Weihnachten (vgl. dazu „Der Tannenbaum" von *H. C. Andersen*). Die möglichen Gedanken und Gefühle der Tanne werden in Stichworten auf dem Arbeitsbogen notiert.

3. Transfer

Die Schülerinnen und Schüler schreiben nun ein Gedicht aus der Perspektive der Tanne und benutzen dabei die von ihnen angelegte Stichwortsammlung. Das *Rilke*-Gedicht kann dabei als Vorlage dienen; es ist allerdings auch möglich, ein Gedicht in einer völlig anderen Form zu schreiben. Je nach Schwierigkeitsgrad kann dieses reimlos oder wie das Original kreuzweise gereimt sein.

4. Vorstellen der Ergebnisse

Das *Rilke*-Gedicht wird noch einmal von der Lehrerin/dem Lehrer vorgelesen. Die Lerngruppe „antwortet" nun aus der Perspektive der Tanne mit den eigenen Produktionen.

4.8 Weihnachten und andere Feste

Advent

Es treibt der Wind im Winterwalde
die Flockenherde wie ein Hirt,
und manche Tanne ahnt, wie balde
sie fromm und lichterheilig wird;
und lauscht hinaus. Den weißen Wegen
streckt sie die Zweige hin – bereit,
und wehrt dem Wind und wächst entgegen
der einen Nacht der Herrlichkeit.

(Rainer Maria Rilke)

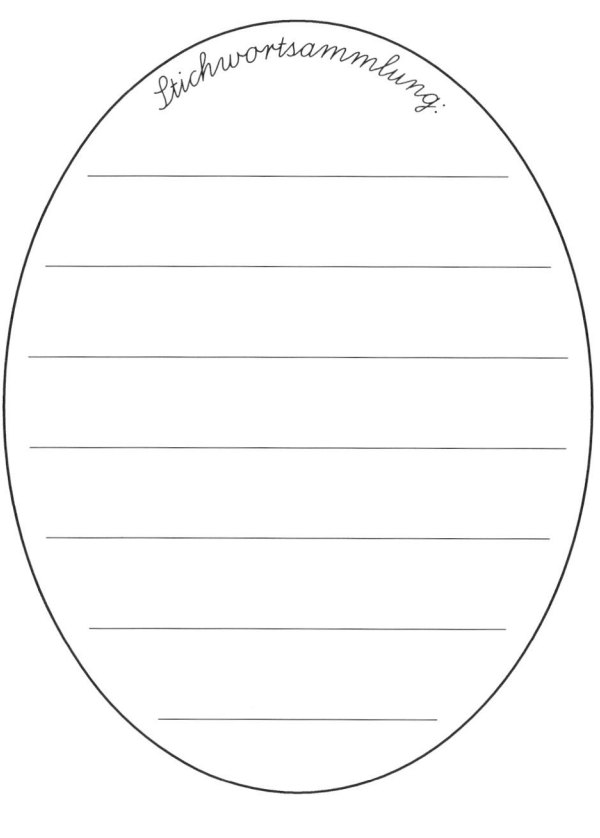

Stichwortsammlung:

Das Wort „*Advent*" bedeutet: _____

_____
_____
_____
_____
_____
_____

 Überlege, wie das Gedicht lauten könnte, wenn es aus der Perspektive der Tanne geschrieben worden wäre, und lege dazu eine Stichwortsammlung an! Schreibe dann aus der Sicht des Tannenbaums ein neues Gedicht!

4.9 Freundschaft und Liebe

Cyrus Atabay
Lebensdaten: *1929
Zur Person: Ein wenig bekannter Lyriker der Gegenwart, Preisträger der Hugo-Jakobi-Stiftung.

„Freundschaft"
In dem Gedicht „Freundschaft" schildert *Atabay* eine symbolträchtige Situation: Trotz niedriger Temperaturen und angeborener Vorliebe für das Warme und Gemütliche erwartet die Katze den Verfasser des Gedichtes, auf der vereisten Straße sitzend. Dieses Verhalten kann als besonderes Zeichen für Freundschaft von Seiten des Tieres angesehen werden. Obwohl ihre Brust weiß wie der Schnee auf den umliegenden Äckern ist, kann der Mensch sie gut von diesem unterscheiden. Dieses Erkennen auch unter schwierigen optischen Bedingungen ist ein weiteres Indiz für ihre tiefe Freundschaft.

Die sieben Zeilen des Gedichtes, die keinen Reim aufweisen, sind geprägt von freien Rhythmen und Enjambements (erste und zweite Zeile). Die Verse sind in Sinneinheiten angeordnet, jede Verszeile steht für einen weiteren Schritt in der Beschreibung der Situation. *Atabay* versteht es, ein deutliches Porträt dieser Freundschaft zu zeichnen, das für den Leser bildlich vorstellbar ist. Durch die Wahl der Tempusform „Präsens" wird zusätzlich deutlich, dass die Freundschaft zwischen Mensch und Katze allgegenwärtig und beständig ist.

Das Thema „Freundschaft" zwischen Tier und Mensch dürfte Schülerinnen und Schülern bekannt sein. Aus dem Gedicht lässt sich leicht die Erkenntnis ableiten, dass eine gute Freundschaft Opfer von beiden Seiten verlangt, um Bestand zu haben. Der Dichter führt dem Rezipienten beispielhaft vor Augen, dass sich Freundschaft nicht nur zwischen Menschen entwickeln kann. Gleichzeitig bietet das Gedicht aber auch die Gelegenheit, über genau diese Freundschaften zu reflektieren.

1. Einstieg
Die Klasse bildet einen Sitzkreis, die Lehrerin/der Lehrer legt ein großes Schild mit der Aufschrift „Freundschaft" in die Mitte. Die Schülerinnen und Schüler erhalten farbige Karteikarten, auf die sie schreiben, was ihnen zu diesem Thema einfällt.

2. Erarbeitung
Gemeinsam wird nun versucht, die beschriebenen Karteikarten nach Schwerpunkten zu sortieren und sie um den Begriff „Freundschaft" anzuordnen:

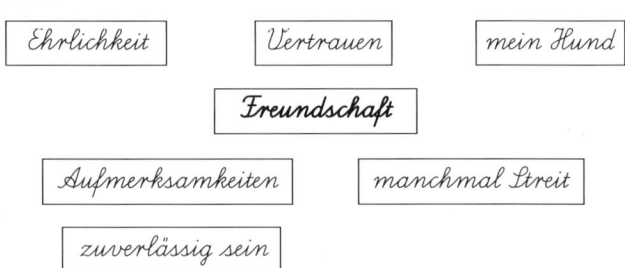

Die verschiedenen thematischen Schwerpunkte a) Was bedeutet Freundschaft?, b) Wie erhalte ich eine Freundschaft? usw., die entstehen, sollen herausgearbeitet und voneinander abgegrenzt werden.

3. Textbegegnung/Umgang mit dem Text
Mit dem Hinweis „Freundschaften können nicht nur zwischen Menschen entstehen." wird auf das Gedicht übergeleitet. Nachdem die Gedichtbögen → verteilt worden sind, wird das Gedicht gemeinsam gelesen. Die Lehrerin/der Lehrer erklärt nun den Arbeitsauftrag, der von der Lerngruppe ausgeführt wird.

4. Vortragen der Ergebnisse
Die Parallelgedichte werden vorgetragen und auf Unterschiede und Gemeinsamkeiten, bezogen auf das Originalgedicht, untersucht.

4.9 Freundschaft und Liebe

Freundschaft

Wartend bis ich vom Spaziergang
wiederkomme,
sitzt meine Katze
auf der vereisten Landstraße;
die weiße Brust
gut zu unterscheiden
von den verschneiten Äckern ringsum.

(Cyrus Atabay)

①

Freundschaft

② **Freundschaft**

_____

_____

_____

_____

_____

_____

① Sammle Stichwörter zum Begriff „Freundschaft" und schreibe sie in die Kästchen.

② Nimm dir den Aufbau dieses Gedichtes als Vorlage und schreibe nun ein neues Gedicht zum Thema „Freundschaft"!
Versuche dabei, die Anzahl der Wörter pro Verszeile, die Anzahl der Verse und Strophen zu übernehmen und auch das Reimschema einzuhalten. Die von dir gesammelten Stichwörter aus den Kästchen oben kannst du als Anregung nehmen.

4.9 Freundschaft und Liebe

„Gefunden"

In dem aus dem Jahre 1813 stammenden Gedicht beschreibt *Goethe* (vgl. S. 38) die Begegnung zwischen dem lyrischen Ich und einer schönen Blume. Die ersten beiden Strophen handeln von den Anfängen der Begegnung zwischen dem im Wald spazieren gehenden Dichter und der dort wachsenden Blume, die *Goethe* personifizierend beschreibt („*wie Äuglein schön*"). Nachdem er die Blume wahrgenommen hat, will er sie pflücken und mit nach Hause nehmen. An dieser Stelle tritt eine leichte Disharmonie auf: „*Soll ich zum Welken gebrochen sein?*", fragt ihn das Blümchen. Das lyrische Ich hat jedoch ein Einsehen, gräbt die Blume mit den Wurzeln aus und pflanzt sie schließlich in den eigenen Garten wieder ein. Biografischer Hintergrund zu diesem Gedicht ist der 25. Jahrestag der Beziehung zwischen *Christiane Vulpius* und *Goethe*, der ihr dieses Gedicht widmet und seine Lebensgefährtin durch die Blume charakterisiert.

Die fünf Strophen, die aus jeweils vier Zeilen bestehen, weisen ein durchgehend jambisches Versmaß auf, die zweite und vierte Verszeile reimen sich. Zahlreiche Diminutive („*Blümchen*", „*Äuglein*", „*Würzlein*") drücken *Goethes* zärtliche Gefühle zu seiner Frau *Christiane* aus, die ihn zum Schreiben dieses Gedichtes bewegt haben mochten.

Das Gedicht „Gefunden" bietet von zwei verschiedenen Seiten Möglichkeiten des didaktischen Zugriffs. Die überschaubare Ebene beinhaltet das Problem der Verantwortlichkeit des Menschen gegenüber Pflanzen und im weiteren Sinne gegenüber anderen Lebewesen. Die Personifizierung und der Symbolgehalt der Blume stellt den Schlüssel zur zweiten, schwierigeren Ebene des Gedichtes dar. Um diese Ebene zu verstehen, sollten die Schülerinnen und Schüler als Hintergrundwissen Informationen über das Leben des Dichters und über die Beziehung zu *Christiane* erhalten.

1. Einstieg

Die Lehrerin/der Lehrer gibt den Titel des Gedichtes vor, indem sie/er diesen an die Tafel schreibt. Bezogen auf den Titel wird ein Denkanstoß geliefert: „Was kann gefunden worden sein?" Die Schülerinnen und Schüler nennen Beispiele:

Gefunden
- *Steine* — *Glück*
- *ein Mensch* — *Geld*

2. Textbegegnung

Die Gedichtbögen → werden ausgeteilt und das Gedicht wird von der Lehrkraft vorgelesen. An der Tafel wird der Begriff „Blume" (als etwas, das man finden kann) ergänzt, sofern er noch nicht genannt wurde. Die Schülerinnen und Schüler werden nun darauf aufmerksam gemacht, dass die Blume symbolisch für einen Menschen steht, den *Goethe* gefunden hat: *Christiane Vulpius*. Jetzt ist die Aufgabe der Lerngruppe, anhand des Textes zu belegen, dass die Blume mit menschlichen Zügen versehen wurde („*Äuglein*", „*da sprach es*").

3. Vertiefung

Das Gedicht soll nun gestaltend vorgetragen werden, dazu werden Regeln aufgestellt, die auf den Bogen übernommen werden:

Beim Vortragen eines Gedichtes achte ich darauf, dass ...
... ich deutlich spreche und Pausen mache
... ich nicht zu schnell spreche
... ich im Rhythmus des Gedichts bleibe
... ich die Betonungen beachte

Die Regeln beachtend wird das Gedicht mit Notizen versehen (siehe Legende), die das spätere Vortragen vorbereiten sollen.

4. Integration des Gelernten

Unter Berücksichtigung ihrer Notizen tragen die Schülerinnen und Schüler das Gedicht gestaltend vor.

4.9 Freundschaft und Liebe

Gefunden

Ich ging im Walde
So für mich hin,
Und nichts zu suchen,
Das war mein Sinn.

Im Schatten sah ich
Ein Blümchen stehn,
Wie Sterne leuchtend,
Wie Äuglein schön.

Ich wollt es brechen,
Da sagt es fein:
Soll ich zum Welken
Gebrochen sein?

Ich grub's mit allen
Den Würzlein aus,
Zum Garten trug ich's
Am hübschen Haus.

Und pflanzt es wieder
Am stillen Ort;
Nun zweigt es immer
Und blüht so fort.

(Johann Wolfgang von Goethe)

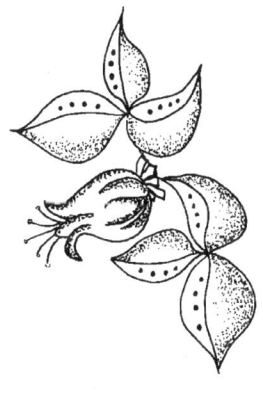

Hinweise für deine Notizen:

/   Betonung

___   wichtiges Wort

‿   diese Wörter werden beim Lesen zusammengezogen

Beim Vortragen eines Gedichtes achte ich darauf, dass …

- _____
- _____
- _____
- _____

 Lies das Gedicht laut vor. Achte darauf, dass du deutlich sprichst und dass du zwischen schnell, langsam, laut, leise usw. – je nach Inhalt des Gedichtes – wechselst. Als Hilfestellung trägst du die Zeichen, die rechts oben auf dem Arbeitsbogen stehen, in das Gedicht ein.

4.9 Freundschaft und Liebe

„Nähe des Geliebten"

Voller Bilder und Gefühle präsentiert sich dieses Liebesgedicht. Aus der Ich-Perspektive beschrieben, wirkt es in besonderem Maße ansprechend und persönlich. Die Gedanken an den Geliebten, die mit Orten in der Natur in enger Verbindung stehen, bezeugen, dass die Liebe überall zu spüren ist, egal wo sich die beiden Partner aufhalten. Die Abfolge des intensiven Spürens des Geliebten beginnt in der ersten Strophe mit dem Denken an ihn: *„Ich denke dein, wenn mir der Sonne Schimmer vom Meere strahlt; Ich denke dein, wenn sich des Mondes Flimmer in Quellen malt."* Die zweite Strophe beschreibt die nun schon visuell gewordenen Eindrücke (*„Ich sehe dich, wenn auf dem fernen Weg der Staub sich hebt"*), die dritte fügt auditive Erlebnisse hinzu: *„Ich höre dich, wenn dort mit dumpfem Rauschen die Quelle steigt ..."*
Die Schlussstrophe steigert sich inhaltlich auf fast körperliche Nähe des Geliebten (*„Ich bin bei dir, du seist auch noch so ferne, du bist mir nah!"*), der abschließende Vers fasst die elementare Aussage des Gedichtes in gedrängter Form zusammen: *„O wärst du da!"*

Die vier aufeinander aufbauenden Strophen sind von Gestalt und Reimschema (Kreuzreime) identisch. Der erste Teil der Strophen beginnt jeweils mit einem „Ich", der zweite führt den Gedanken weiter. Das Gedicht ist von symbolhaften Begriffen durchzogen („Sonne", „Meere", „Mond", „Quelle", „Staub", „Hain", „Sterne"), die die Vorstellungskraft des Lesers beflügeln.

Liebesgedichte, zu denen dieses Gedicht zählt, sollten dann im Unterricht eingesetzt werden, wenn die Lerngruppe reif und sensibel genug für den Umgang mit ihnen ist. Dies ist vor allem in den höheren Jahrgängen der Sekundarstufe I der Fall. Das *Goethe*-Gedicht bietet mit seiner malerischen Stimmung und dem sensiblen Vortragston für Jugendliche die Chance, über eigene Gefühle zu reflektieren.

1. Einstimmung

Ein mitgebrachtes Gemälde/Bild mit einem Liebespaar bzw. eine Abbildung mit einem Herz als Symbol für die Liebe dient als stummer Impuls.

Die genannten Assoziationen werden mündlich gesammelt.

2. Textbegegnung/Informationsvorgabe

Nachdem die Arbeitsbögen → verteilt worden sind, wird das Gedicht gemeinsam gelesen. Die Stufen der Gefühlsintensität des lyrischen Ichs zu dem Geliebten sollen herausgestellt und auf dem Bogen eingetragen werden:

denken – sehen – hören – fühlen

Die Schülerinnen und Schüler werden mit dem Bauprinzip des Elfchens (Vgl. auch Seite 69) bekanntgemacht, das an der Tafel skizziert und auf den Arbeitsbogen übernommen wird:

1. Zeile: Eine Farbe oder Eigenschaft. (1 Wort)
2. Zeile: Etwas, das diese Farbe oder Eigenschaft hat. (2 Wörter)
3. Zeile: Wo und wie ist der Gegenstand; was tut die Person? (3 Wörter)
4. Zeile: Etwas über sich selbst, beginnend mit „Ich". (4 Wörter)
5. Zeile: Ein abschließendes Wort, ein Ausruf. (1 Wort)

3. Anwendungsmöglichkeit

Nun werden dem Bauschema folgend eigene Elfchen mit dem thematischen Schwerpunkt „Liebe" und „Gefühle" verfasst.

4. Sammeln der Arbeitsergebnisse

Die Schülerinnen und Schüler schreiben ihre Elfchen an die Tafel, die sie anschließend vortragen. Im Plenum werden diese anschließend besprochen.

4.9 Freundschaft und Liebe

Nähe des Geliebten

Ich denke dein, wenn mir der Sonne Schimmer
    Vom Meere strahlt;
Ich denke dein, wenn sich des Mondes Flimmer
    In Quellen malt.

....

Ich sehe dich, wenn auf dem fernen Wege
    Der Staub sich hebt;
In tiefer Nacht, wenn auf dem schmalen Stege
    Der Wandrer bebt.

....

Ich höre dich, wenn dort mit dumpfem Rauschen
    Die Welle steigt.
Im stillen Haine geh ich oft zu lauschen,
    Wenn alles schweigt.

....

Ich bin bei dir, du seist auch noch so ferne,
    Du bist mir nah!
Die Sonne sinkt, bald leuchten mir die Sterne.
    O wärst du da!

....

(Johann Wolfgang von Goethe)

Bauprinzip des Elfchens:

_____
_____
_____
_____
_____
_____
_____
_____
_____
_____

_____
_____
_____
_____
_____

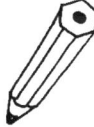 Schreibe ein Elfchen zu dem Thema „Liebe". Beachte dabei genau das Bauprinzip. Erfinde auch eine passende Überschrift.

5. Literaturverzeichnis

Atabay, Cyrus: Gedichte. Frankfurt am Main: Insel Verlag (1974)

Brecht, Bertolt: Gesammelte Werke. Frankfurt am Main: Suhrkamp Verlag (1967)

Britting, Georg: Sämtliche Werke. München: List Verlag (1996)

Echtermeyer, Ernst Theodor/Wiese, Benno von: Deutsche Gedichte. Von den Anfängen bis zur Gegenwart. Auswahl für Schulen. Berlin: Cornelsen Verlag (1993)

Goethe, Johann Wolfgang von: Gedichte. West-östlicher Divan. Frankfurt am Main: Insel Verlag (1981)

Guggenmos, Josef (Hrsg.): Was denkt die Maus am Donnerstag? 123 Gedichte für Kinder. Recklinghausen: Georg Bitter Verlag (1967)

Haas, Gerhard: Handlungs- und produktionsorientierter Literaturunterricht. Theorie und Praxis eines „anderen" Literaturunterrichtes für die Primar- und Sekundarstufe. Seelze: Kallmeyer (1997)

Haase, Klaus C./Högler, Peter/Krönert, Günter/Watzke, Oswald/Werner, Maria: Gedichte in Stundenbildern. Unterrichtsvorschläge mit Kopiervorlagen 4. Jahrgangsstufe. Donauwörth: Ludwig Auer (1990)

Haase, Klaus C./Högler, Peter/Krönert, Günter/Watzke, Oswald/Werner, Maria: Gedichte in Stundenbildern. Unterrichtsvorschläge mit Kopiervorlagen 6. Jahrgangsstufe. Donauwörth: Ludwig Auer (1994)

Haslinger, Adolf: Weihnachtszeit schön verschneit. Ein literarisches Hausbuch. München: DTV (1982)

Krüss, James: So viele Tage wie das Jahr hat. 365 Gedichte für Kinder und Kenner. München: C. Bertelsmann Verlag (1998)

Knörich, Otto: Lexikon lyrischer Formen. Alfred Kröner Verlag: Stuttgart (1992)

Lang, Rainer: Allerlei Gereimtes und Ungereimtes. Gedichte für Klasse 5 bis 7. Stuttgart: Ernst Klett Schulbuchverlag (1996)

Leppmann, Wolfgang: Rilke. Sein Leben, seine Welt, sein Werk. Bern/München: Scherz Verlag (1981)

Neunzig, Hans A. (Hrsg.): Theodor Storm. Gesammelte Werke. München: Nymphenburger (1981)

Payrhuber, Franz-Josef: Gedichte im Unterricht – einmal anders. Praxisbericht mit vielen Anregungen für das 5.–10. Schuljahr. München: Oldenbourg Verlag (1996)

Schuster, Karl: Lyrische Texte als produktive Vorlagen. In: *Beisbart, Ortwin* u. a.: Leseförderung und Leseerziehung. Theorie und Praxis des Umgangs mit Büchern für junge Leser. Donauwörth: Ludwig Auer (1996), S. 177 ff.

Spinner, Kaspar H.: Interpretieren im Deutschunterricht. In: PRAXIS DEUTSCH Nr. 81, 14. Jahrgang. Seelze: Friedrich Verlag (1987), S. 17 ff.

Waldmann, Günter: Produktiver Umgang mit Lyrik. Eine systematische Einführung in die Lyrik, ihre produktive Erfahrung und ihr Schreiben. Baltmannsweiler: Schneider Verlag Hohengehren (1998)

Freiarbeitskarten zum Ausschneiden

Gefunden (*Goethe*), Frische Fahrt (*Eichendorff*)

- *Schreibe einen Brief an den Autor des Gedichtes, in dem du ihm erzählst, was dir an dem Gedicht gefällt und was nicht, und ihn fragst, was du noch wissen möchtest.*

- *Male oder zeichne zu dem Gedicht ein Bild. Wenn du möchtest, kannst du auch Zeitungsausschnitte, Fotos, Stoff oder andere Materialien, die dazu passen, verwenden.*

Der Pflaumenbaum (*Brecht*), Meeresstille (*Goethe*)

- *Lies das Gedicht allein oder mit einem Partner laut vor. Achte darauf, dass du deutlich sprichst und dass du zwischen schnell, langsam, laut, leise usw. – je nach Inhalt des Gedichtes – wechselst.*

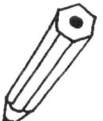
- *Verfasse zu diesem Pflaumenbaum ein Elfchen!*
  Informationen darüber findest du hier:
  1. Zeile: Eine Farbe oder eine Eigenschaft (1 Wort); **2. Zeile:** Etwas, das diese Farbe oder Eigenschaft hat (2 Wörter); **3. Zeile:** Wo und wie ist dieser Gegenstand, was tut diese Person? (3 Wörter); **4. Zeile:** Etwas über sich selbst, beginnend mit „Ich" (4 Wörter); **5. Zeile:** Ein abschließendes Wort, ein Ausruf (1 Wort).

Erntekranz (*von Hoerner*), Die Sonnenblume (*Britting*),
Schneekristall (*Guggenmos*)

- *Schreibe ein eigenes Gedicht zum Thema des Originalgedichtes, in das du deine persönlichen Gedanken und Ansichten einfließen lassen kannst!*

- *Lerne das Gedicht auswendig! Wenn es dir hilft, kannst du auch mit einem Partner zusammenarbeiten.*

Freiarbeitskarten zum Ausschneiden

Sommerbild (Hebbel), April (Heym)

- Lies das Gedicht allein oder mit einem Partner laut vor! Achte darauf, dass du deutlich sprichst und dass du zwischen schnell, langsam, laut, leise usw. – je nach Inhalt des Gedichtes – wechselst!

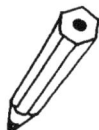
- Kreise verschiedene Wörter am Ende einer Verszeile ein. Suche nun zu diesen Wörtern möglichst viele Reimwörter, die du in eine Tabelle einträgst.

Herbstbild (Hebbel), In der Frühe (Storm)

- Unterstreiche in dem Gedicht ca. 15 Wörter, die du am wichtigsten findest. Versuche einmal, diese Wörter zu einem neuen kurzen Gedicht zusammenzufügen.

- Schreibe das Gedicht so ab, dass zwischen den Gedichtzeilen eine freie Zeile bleibt. In diese leeren Zeilen kannst du alle Gedanken schreiben, die dir beim Lesen des Gedichtes einfallen.
  z. B. Dies ist ein Herbsttag, wie ich keinen sah!
  so wie letztes Jahr im Oktober! ... usw.

Er ist's (Mörike), Die Eichbäume (Hölderlin)

- Schreibe das Gedicht ab und benutze dabei Schriftgröße, Schriftdicke und Schriftart so, wie es deiner Meinung nach am besten zu den Wörtern des Gedichtes passt!
  z. B. **groß**, klein,

- Male oder zeichne zu dem Gedicht ein Frühlingsbild! Wenn du möchtest, kannst du auch Zeitungsausschnitte, Fotos, Stoff und andere Materialien, die dazu passen, verwenden.

Freiarbeitskarten zum Ausschneiden

Das Karussell (*Rilke*), Wetterwendischer Tag (*Britting*)

- *Lies das Gedicht allein oder mit einem Partner laut vor. Achte darauf, dass du deutlich sprichst und dass du dabei zwischen schnell, langsam, laut, leise usw. – je nach Inhalt des Gedichtes – wechselst!*

- *Schreibe ein eigenes Gedicht zum Thema des Originalgedichtes! Vergleiche anschließend deine Fassung mit der des Dichters. Wo findest du Gemeinsamkeiten, wo Unterschiede?*

Mondnacht (*Eichendorff*), Nähe des Geliebten (*Goethe*)

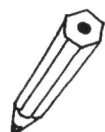
- *Unterstreiche in dem Gedicht 10–14 Wörter, die du am wichtigsten findest! Versuche einmal, diese Wörter zu einem neuen kurzen Gedicht zusammenzufügen.*

- *Schreibe einen Brief an den Autor des Gedichtes, in dem du ihm erzählst, was dir an dem Gedicht gefällt und was nicht, und ihm Fragen stellst!*

August (*Storm*), Um Mitternacht (*Mörike*)

- *Lies das Gedicht allein oder mit einem Partner laut vor. Achte darauf, dass du deutlich sprichst und dass du zwischen schnell, langsam, laut, leise usw. – je nach Inhalt des Gedichtes – wechselst!*

- *Unterstreiche 10–14 Wörter in dem Gedicht, die du am wichtigsten findest! Schreibe nun ein eigenes Gedicht und benutze darin die unterstrichenen Wörter.*

Freiarbeitskarten zum Ausschneiden

Weihnachten (*Eichendorff*), Raubritter (*Britting*)

- *Lies das Gedicht allein oder mit einem Partner laut vor. Achte darauf, dass du deutlich sprichst und dass du zwischen schnell, langsam, laut, leise usw. – je nach Inhalt des Gedichtes – wechselst!*

- *Gestalte diesen Gedichtbogen nach deinem Geschmack zum Thema des Gedichtes (z. B. Fotos, Bilder, Zeichnungen, usw.).*

Freundschaft (*Atabay*), Ein Gleiches (*Goethe*)

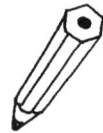
- *Verfasse zum Thema „Freundschaft" ein Elfchen! Anregungen und Tipps dazu findest du hier:*
  1. Zeile: *Eine Farbe oder eine Eigenschaft (1 Wort);* **2. Zeile:** *Etwas, das diese Farbe oder Eigenschaft hat (2 Wörter);* **3. Zeile:** *Wo und wie ist dieser Gegenstand, was tut diese Person? (3 Wörter);* **4. Zeile:** *Etwas über sich selbst, beginnend mit „Ich" (4 Wörter);* **5. Zeile:** *Ein abschließendes Wort, ein Ausruf (1 Wort).*

- *Lerne das Gedicht auswendig. Wenn es dir hilft, kannst du auch mit einem Partner zusammenarbeiten.*

Der Mensch ist bald vergessen (*von Arnim*), Abendlied (*Keller*)

- *Lies das Gedicht allein oder mit einem Partner laut vor. Achte darauf, dass du deutlich sprichst und dass du dabei zwischen schnell, langsam, laut, leise usw. – je nach Inhalt des Gedichtes – wechselst!*

- *Kreise verschiedene Wörter am Ende einer Verszeile ein. Suche nun zu diesen Wörtern möglichst viele Reimwörter, die du in eine Tabelle einträgst!*

Freiarbeitskarten zum Ausschneiden

Meeresstrand (*Storm*), In der Frühe (*Mörike*)

- *Schreibe das Gedicht weiter und erfinde einen neuen Schluss. Achte darauf, dass du das Bauprinzip des Gedichtes einhältst.*

- *Gestalte diesen Gedichtbogen nach deinem Geschmack zum Thema des Gedichtes (z. B. Fotos, Bilder, Zeichnungen usw.).*

Advent (*Rilke*), Der Panter (*Rilke*)

- *Lies das Gedicht allein oder mit einem Partner laut vor. Achte darauf, dass du deutlich sprichst und dass du dabei zwischen schnell, langsam, laut, leise usw. – je nach Inhalt des Gedichtes – wechselst!*

- *Schreibe das Gedicht so ab, dass zwischen den Gedichtzeilen eine freie Zeile bleibt. In diese leeren Zeilen kannst du deine Gedanken, Fragen und Wörter schreiben, die dir beim Lesen des Gedichtes einfallen.*
  z. B. Es treibt der Wind im Winterwalde
       Es ist ein kalter Nordwind ...

Am offenen Fenster bei Hagelwetter (*Britting*),
Meeresstille (*Goethe*), Glückliche Fahrt (*Goethe*)

- *Verfasse zum Thema des Gedichtes ein Elfchen! Informationen darüber findest du hier:*
  1. Zeile: Eine Farbe oder eine Eigenschaft (1 Wort); **2. Zeile:** Etwas, das diese Farbe oder diese Eigenschaft hat (2 Wörter); **3. Zeile:** Wo und wie ist dieser Gegenstand, was tut diese Person? (3 Wörter); **4. Zeile:** Etwas über sich selbst, beginnend mit „Ich" (4 Wörter); **5. Zeile:** Ein abschließendes Wort, ein Ausruf (1 Wort).

- *Lerne das Gedicht auswendig!*

Freiarbeitskarten zum Ausschneiden

Septembermorgen (Mörike), Hälfte des Lebens (Hölderlin)

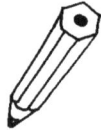
- *Unterstreiche in dem Gedicht 10–14 Wörter, die du am wichtigsten findest! Schreibe nun ein eigenes Gedicht und benutze darin die unterstrichenen Wörter!*

- *Gestalte diesen Gedichtbogen nach deinem Geschmack zum Thema „Herbst"! (z. B. Fotos, Bilder, Zeichnungen usw.)*

Anapäst

Nach dem Daktylus der wichtigste dreisilbige antike Versfuß.
Die Abfolge ist: _ _ / (unbetont – unbetont – betont).
Durch diese metrische Form wirken Texte getragen und feierlich.

Daktylus

Wichtigster dreisilbiger antiker Versfuß, der durch eine
lebendige Note charakterisiert ist.
Er besteht aus einer langen und zwei kurzen Silben (/ _ _).

Freiarbeitskarten zum Ausschneiden

Enjambement

Das Enjambement (aus dem Französischen von „herüberschreiten") kann mit Zeilen- bzw. Strophensprung übersetzt werden.
Die Sinneinheit bzw. das Satzende schreitet in den folgenden Vers hinüber.
Beispiel: Frühling lässt sein blaues Band
*   Wieder flattern durch die Lüfte …*

(Eduard Mörike, Er ist's)

Jambus

Der Jambus ist in der antiken Verslehre einer von drei zweisilbigen Versfüßen (weiterhin noch Trochäus und Spondeus).
Das Schema ist: _ / (unbetont – betont).
Die Abfolge der Betonungen erzeugt einen leichten, beschwingten Rhythmus.

Kreuzreim

Eine der am häufigsten vertretenen Reimanordnungen.
Zwei Reimpaare sind gekreuzt angeordnet (abab), so dass sich jeweils der erste Vers mit dem dritten und der zweite mit dem vierten reimen.

Freiarbeitskarten zum Ausschneiden

Paarreim

Der Paarreim ist das einfachste, in der Literatur allerdings nicht das häufigste Reimschema (aa bb cc).

Umarmender Reim

*Dieses Reimschema wird durch die eingeklammerte Anordnung auch oft als Klammerreim bezeichnet.
Als Bauelement verleiht er besonders vierzeiligen Strophen ein hohes Maß an innerer Geschlossenheit.*

Unreiner Reim

Sammelbezeichnung für verschiedene Formen mangelhaften Gleichklangs von Reimsilben, z. B.

*   ... Blick   ... Segen*
*   ... Glück   ... Bögen*